Bryn Mawr Commentaries

Hymn to Demeter

Julia Haig Gaisser

Department of Greek, Bryn Mawr College
Bryn Mawr, Pennsylvania

Copyright ©1980 by **Bryn Mawr Commentaries**

Manufactured in the United States of America
ISBN 0-929524-17-9
Printed and distributed by
Bryn Mawr Commentaries
Thomas Library
Bryn Mawr College
Bryn Mawr, PA 19010

Series Preface

These lexical and grammatical notes are meant not as a full-scale commentary but as a clear and concise aid to the beginning student. The editors have been told to resist their critical impulses and to say only what will help the student read the text. Our commentaries, then, are the beginning of the interpretative process, not the end.

We expect that the student will know the basic Attic declensions and conjugations, basic grammar (the common functions of cases and moods; the common types of clauses and conditions), and how to use a dictionary. In general we have tried to avoid duplication of material easily extractable from the lexicon; but we have included help with odd verb forms, and, recognizing that endless page-flipping can be counter-productive, we have provided the occasional bonus of assistance with difficult vocabulary. If the student has seen the word before, it will probably not be given.

The commentaries are based on the Oxford Classical Text unless otherwise noted. Oxford University Press has kindly allowed us to print its edition of the Greek text in cases where we thought it would be particularly beneficial to the student.

Production of these texts has been made possible by a generous grant from the Division of Education Programs, the National Endowment for the Humanities.

Richard Hamilton   Gregory W. Dickerson
General Editor   Associate Editor
Bryn Mawr Commentaries

Metrical Note

The *Homeric Hymns* are composed in dactylic hexameter, which is the normal meter of Greek and Latin epic poetry. Each line (hexameter) has six measures (=metra) or feet, which may be either dactyls (diagrammed - ˘ ˘)* or spondees (diagrammed - -). The sixth (last) foot is *always* a spondee; the first five are either spondees or dactyls, with dactyls predominating, especially in the fifth foot, which is spondaic about 1 out of 20 times in the *Iliad* and *Odyssey*. Line 11 of this Hymn is such a "spondaic" verse. The first verse of this Hymn is analyzed (or "scanned") as follows:

Δή̄μη̄τρ' ἠ̄ΰ̆κο̆μο̄ν σε̆μνή̄ν θε̱ᾱ̄ν ἄ̆ρχο̆μ' ἀ̱ε̱ί̄δειν.

Note that a syllable is long if it contains (a) a long vowel or a diphthong or (b) a short vowel followed by two consonants (ζ, ξ, ψ count as double consonants). One or both consonants may belong to the beginning of the following word.

A syllable is short if it contains a short vowel and is not lengthened by the double consonant rule (b).

The Greek vowels ε and ο are always short; η and ω always long; α, ι, υ may be long *or* short by nature, and their natural quantities in the root of any given word are often noted in the lexicon.

In epic, a long vowel or diphthong is regularly (but not always) shortened in pronunciation if it ends a word and is directly followed by a word which begins with a vowel ("epic correption"), for example, χρῡσᾱό̆ρου ἀ̆γλᾰο̆κά̄ρπου (line 4). The final syllable of the verse is treated as long regardless of its natural length (see lines 6 and 7).

The epic dactylic hexameter virtually always has a word-end occurring *within* the third foot ("caesura"). Caesura frequently coincides with a pause in a sentence or a break between sentences. Diaeresis (word end coinciding with the *end* of a foot) tends to be avoided in order to keep the rhythm from becoming choppy or obvious, but it is common at the end of the fourth foot, a practice which helps to emphasize the normal verse ending - ˘ ˘ - -.

* ˘ is a short syllable; - is a long syllable.

Εἰς Δημήτραν

Δήμητρ' ἠΰκομον σεμνὴν θεὰν ἄρχομ' ἀείδειν,
αὐτὴν ἠδὲ θύγατρα τανύσφυρον ἣν Ἀϊδωνεὺς
ἥρπαξεν, δῶκεν δὲ βαρύκτυπος εὐρύοπα Ζεύς,
νόσφιν Δήμητρος χρυσαόρου ἀγλαοκάρπου
παίζουσαν κούρῃσι σὺν Ὠκεανοῦ βαθυκόλποις,   5
ἄνθεά τ' αἰνυμένην ῥόδα καὶ κρόκον ἠδ' ἴα καλὰ
λειμῶν' ἂμ μαλακὸν καὶ ἀγαλλίδας ἠδ' ὑάκινθον
νάρκισσόν θ', ὃν φῦσε δόλον καλυκώπιδι κούρῃ
Γαῖα Διὸς βουλῇσι χαριζομένη πολυδέκτῃ
θαυμαστὸν γανόωντα, σέβας τότε πᾶσιν ἰδέσθαι   10
ἀθανάτοις τε θεοῖς ἠδὲ θνητοῖς ἀνθρώποις·
τοῦ καὶ ἀπὸ ῥίζης ἑκατὸν κάρα ἐξεπεφύκει,
κῶζ' ἥδιστ' ὀδμή, πᾶς δ' οὐρανὸς εὐρὺς ὕπερθε
γαῖά τε πᾶσ' ἐγέλασσε καὶ ἁλμυρὸν οἶδμα θαλάσσης.
ἡ δ' ἄρα θαμβήσασ' ὠρέξατο χερσὶν ἅμ' ἄμφω   15
καλὸν ἄθυρμα λαβεῖν· χάνε δὲ χθὼν εὐρυάγυια
Νύσιον ἂμ πεδίον τῇ ὄρουσεν ἄναξ πολυδέγμων
ἵπποις ἀθανάτοισι Κρόνου πολυώνυμος υἱός.
ἁρπάξας δ' ἀέκουσαν ἐπὶ χρυσέοισιν ὄχοισιν

19 ἐπιλαθόμενοι M, ἐπιληθόμενον Ruhnken cl. vii. 59. vel ex hoc vel ex alio hymno versum
αὐτῇσι σταφυλῇσι μελαίνῃσιν κομόωντες
sumpsit Crates ἐν δευτέρῳ Ἀττικῆς διαλέκτου ap. Athen. 653 B (p. 65 Wachsmuth): quidni et fr. homericum xxiv. p. 150 βαρύβρομα θωύσσοντες hinc venerit? 21 ἣν καλέουσι M corr. m. p.
II. *codex*: M. Τιτ. τοῦ αὐτοῦ ὕμνοι εἰς τὴν δήμητραν litteris rubris M 1 δημήτηρ' M corr. Ruhnken (cf. 315) 2 και τανυσφορον ειπει[ν] Philodem. Voll. Herc. vi. col. vii. 157 Gomperz *Sszgb. Ak. Wien.* 1890. 29 7 λειμῶνα μαλακὸν (ἂν Ruhnken) 8 ἔφυσε Ilgen cl. 428 καλυκώπιδι—12 ἀπὸ ῥί = p c. 4. 12-16 10 τότε M : ὅτε p: τό γε Goodwin 13 κῶδις τ' ὀδμῇ M corr. Tyrrell 17, 18 = p c. 5. 1-3 18 ἀθανάτα[ισι p

ΕΙΣ ΔΗΜΗΤΡΑΝ

ἦγ' ὀλοφυρομένην· ἰάχησε δ' ἄρ' ὄρθια φωνῇ 20
κεκλομένη πατέρα Κρονίδην ὕπατον καὶ ἄριστον.
οὐδέ τις ἀθανάτων οὐδὲ θνητῶν ἀνθρώπων
ἤκουσεν φωνῆς, οὐδ' ἀγλαόκαρποι ἐλαῖαι,
εἰ μὴ Περσαίου θυγάτηρ ἀταλὰ φρονέουσα
ἄϊεν ἐξ ἄντρου Ἑκάτη λιπαροκρήδεμνος, 25
Ἠέλιός τε ἄναξ Ὑπερίονος ἀγλαὸς υἱός,
κούρης κεκλομένης πατέρα Κρονίδην· ὁ δὲ νόσφιν
ἧστο θεῶν ἀπάνευθε πολυλλίστῳ ἐνὶ νηῷ
δέγμενος ἱερὰ καλὰ παρὰ θνητῶν ἀνθρώπων.
τὴν δ' ἀεκαζομένην ἦγεν Διὸς ἐννεσίῃσι 30
πατροκασίγνητος πολυσημάντωρ πολυδέγμων
ἵπποις ἀθανάτοισι Κρόνου πολυώνυμος υἱός.
ὄφρα μὲν οὖν γαῖάν τε καὶ οὐρανὸν ἀστερόεντα
λεῦσσε θεὰ καὶ πόντον ἀγάρροον ἰχθυόεντα
αὐγάς τ' ἠελίου, ἔτι δ' ἤλπετο μητέρα κεδνὴν 35
ὄψεσθαι καὶ φῦλα θεῶν αἰειγενετάων,
τόφρα οἱ ἐλπὶς ἔθελγε μέγαν νόον ἀχνυμένης περ·
ἤχησαν δ' ὀρέων κορυφαὶ καὶ βένθεα πόντου
φωνῇ ὑπ' ἀθανάτῃ, τῆς δ' ἔκλυε πότνια μήτηρ.
ὀξὺ δέ μιν κραδίην ἄχος ἔλλαβεν, ἀμφὶ δὲ χαίταις 40
ἀμβροσίαις κρήδεμνα δαΐζετο χερσὶ φίλῃσι,
κυάνεον δὲ κάλυμμα κατ' ἀμφοτέρων βάλετ' ὤμων,
σεύατο δ' ὥς τ' οἰωνὸς ἐπὶ τραφερήν τε καὶ ὑγρὴν
μαιομένη· τῇ δ' οὔ τις ἐτήτυμα μυθήσασθαι
ἤθελεν οὔτε θεῶν οὔτε θνητῶν ἀνθρώπων, 45
οὔτ' οἰωνῶν τις τῇ ἐτήτυμος ἄγγελος ἦλθεν.
ἐννῆμαρ μὲν ἔπειτα κατὰ χθόνα πότνια Δηὼ
στρωφᾶτ' αἰθομένας δαΐδας μετὰ χερσὶν ἔχουσα,
οὐδέ ποτ' ἀμβροσίης καὶ νέκταρος ἡδυπότοιο

28 πολυκλίστῳ M corr. Ruhnken cl. h. Ap. 347 ∈ 445   33-36 = p
c. 5. 3-6.   35 ἔτι ἤλπετο p   37 lacunam post h. v. statuit Hermann, sed cf. 127, 315, 445, h. Herm. 110, T 80 et de re Galen. vi. 106, x. 275 K.   49 ἢ δεπότοιο M corr. Ruhnken cl. o 507

ΥΜΝΟΙ

πάσσατ' ἀκηχεμένη, οὐδὲ χρόα βάλλετο λουτροῖς. 50
ἀλλ' ὅτε δὴ δεκάτη οἱ ἐπήλυθε φαινολὶς Ἠὼς
ἤντετό οἱ Ἑκάτη σέλας ἐν χείρεσσιν ἔχουσα,
καί ῥά οἱ ἀγγελέουσα ἔπος φάτο φώνησέν τε·
πότνια Δημήτηρ ὡρηφόρε ἀγλαόδωρε
τίς θεῶν οὐρανίων ἠὲ θνητῶν ἀνθρώπων 55
ἥρπασε Περσεφόνην καὶ σὸν φίλον ἤκαχε θυμόν;
φωνῆς γὰρ ἤκουσ', ἀτὰρ οὐκ ἴδον ὀφθαλμοῖσιν
ὅς τις ἔην· σοὶ δ' ὦκα λέγω νημερτέα πάντα.
  ὣς ἄρ' ἔφη Ἑκάτη· τὴν δ' οὐκ ἠμείβετο μύθῳ
Ῥείης ἠϋκόμου θυγάτηρ, ἀλλ' ὦκα σὺν αὐτῇ 60
ἤϊξ' αἰθομένας δαΐδας μετὰ χερσὶν ἔχουσα.
Ἤλιον δ' ἵκοντο θεῶν σκοπὸν ἠδὲ καὶ ἀνδρῶν,
στὰν δ' ἵππων προπάροιθε καὶ εἴρετο δῖα θεάων·
  Ἤλι' αἴδεσσαί με θεὰν σύ περ, εἴ ποτε δή σευ
ἢ ἔπει ἢ ἔργῳ κραδίην καὶ θυμὸν ἴηνα. 65
κούρην τὴν ἔτεκον γλυκερὸν θάλος εἴδεϊ κυδρὴν
τῆς ἀδινὴν ὄπ' ἄκουσα δι' αἰθέρος ἀτρυγέτοιο
ὥς τε βιαζομένης, ἀτὰρ οὐκ ἴδον ὀφθαλμοῖσιν.
ἀλλὰ σὺ γὰρ δὴ πᾶσαν ἐπὶ χθόνα καὶ κατὰ πόντον
αἰθέρος ἐκ δίης καταδέρκεαι ἀκτίνεσσι, 70
νημερτέως μοι ἔνισπε φίλον τέκος εἴ που ὄπωπας
ὅς τις νόσφιν ἐμεῖο λαβὼν ἀέκουσαν ἀνάγκῃ
οἴχεται ἠὲ θεῶν ἢ καὶ θνητῶν ἀνθρώπων.
  Ὣς φάτο, τὴν δ' Ὑπεριονίδης ἠμείβετο μύθῳ·
Ῥείης ἠϋκόμου θυγάτηρ Δήμητερ ἄνασσα 75
εἰδήσεις· δὴ γὰρ μέγα ἅζομαι ἠδ' ἐλεαίρω
ἀχνυμένην περὶ παιδὶ τανυσφύρῳ· οὐδέ τις ἄλλος
αἴτιος ἀθανάτων εἰ μὴ νεφεληγερέτα Ζεύς,

50 πᾶσατ' M corr. Ruhnken   51 φαινόλη M corr. Ruhnken cl. Sapph. 95   55, 56 = p c. 7. 3–5   55 θεὸς οὐράνιος p   56 ἤπα]φε θυμόν p   64 θέας ὕπερ M corr. Ludwich cl. 116   70 καταδέρκεται M   71 ὄπωπεν M corr. Ruhnken   72 ἐμοῖο M corr. Ruhnken   76 μέγα σ' Ruhnken, sed cf. Hes. Theog. 532, Theogn. 280

ΕΙΣ ΔΗΜΗΤΡΑΝ

ὅς μιν ἔδωκ' Ἀίδῃ θαλερὴν κεκλῆσθαι ἄκοιτιν
αὐτοκασιγνήτῳ· ὁ δ' ὑπὸ ζόφον ἠερόεντα 80
ἁρπάξας ἵπποισιν ἄγεν μεγάλα ἰάχουσαν.
ἀλλὰ θεὰ κατάπαυε μέγαν γόον· οὐδέ τι σὲ χρὴ
μὰψ αὔτως ἄπλητον ἔχειν χόλον· οὔ τοι ἀεικὴς
γαμβρὸς ἐν ἀθανάτοις πολυσημάντωρ Ἀϊδωνεὺς
αὐτοκασίγνητος καὶ ὁμόσπορος· ἀμφὶ δὲ τιμὴν 85
ἔλλαχεν ὡς τὰ πρῶτα διάτριχα δασμὸς ἐτύχθη·
τοῖς μεταναιετάει τῶν ἔλλαχε κοίρανος εἶναι.
Ὣς εἰπὼν ἵπποισιν ἐκέκλετο, τοὶ δ' ὑπ' ὁμοκλῆς
ῥίμφ' ἔφερον θοὸν ἅρμα τανύπτεροι ὥς τ' οἰωνοί·
τὴν δ' ἄχος αἰνότερον καὶ κύντερον ἵκετο θυμόν. 90
χωσαμένη δ' ἤπειτα κελαινεφέϊ Κρονίωνι
νοσφισθεῖσα θεῶν ἀγορὴν καὶ μακρὸν Ὄλυμπον
ᾤχετ' ἐπ' ἀνθρώπων πόλιας καὶ πίονα ἔργα
εἶδος ἀμαλδύνουσα πολὺν χρόνον· οὐδέ τις ἀνδρῶν
εἰσορόων γίγνωσκε βαθυζώνων τε γυναικῶν 95
πρίν γ' ὅτε δὴ Κελεοῖο δαΐφρονος ἵκετο δῶμα,
ὃς τότ' Ἐλευσῖνος θυοέσσης κοίρανος ἦεν.
ἕζετο δ' ἐγγὺς ὁδοῖο φίλον τετιημένη ἦτορ
Παρθενίῳ φρέατι ὅθεν ὑδρεύοντο πολῖται
ἐν σκιῇ, αὐτὰρ ὕπερθε πεφύκει θάμνος ἐλαίης, 100
γρηῒ παλαιγενέϊ ἐναλίγκιος, ἥ τε τόκοιο
εἴργηται δώρων τε φιλοστεφάνου Ἀφροδίτης,
οἷαί τε τροφοί εἰσι θεμιστοπόλων βασιλήων
παίδων καὶ ταμίαι κατὰ δώματα ἠχήεντα.
τὴν δὲ ἴδον Κελεοῖο Ἐλευσινίδαο θύγατρες 105
ἐρχόμεναι μεθ' ὕδωρ εὐήρυτον ὄφρα φέροιεν
κάλπισι χαλκείῃσι φίλα πρὸς δώματα πατρός,
τέσσαρες ὥς τε θεαὶ κουρήϊον ἄνθος ἔχουσαι,

83 cf. Paus. ii. 28. 4 γαμβρὸν οὐ μεμπτόν, Aph. 136   87 μετα-
ναίεται M corr. Voss   98 τετιημένος M corr. Ruhnken   99 πὰρ
θείῳ φρέατι Wolf: φρείατι Παρθενίῳ Porson: πὰρ φρέατ' Ἀνθείῳ Tucker
107 φίλου Matthiae et 180

ΥΜΝΟΙ

Καλλιδίκη καὶ Κλεισιδίκη Δημώ τ' ἐρόεσσα
Καλλιθόη θ', ἣ τῶν προγενεστάτη ἦεν ἁπασῶν·   110
οὐδ' ἔγνων· χαλεποὶ δὲ θεοὶ θνητοῖσιν ὁρᾶσθαι.
ἀγχοῦ δ' ἱστάμεναι ἔπεα πτερόεντα προσηύδων·
 Τίς πόθεν ἐσσὶ γρηῢ παλαιγενέων ἀνθρώπων;
τίπτε δὲ νόσφι πόληος ἀπέστιχες οὐδὲ δόμοισι
πιλνᾷς; ἔνθα γυναῖκες ἀνὰ μέγαρα σκιόεντα   115
τηλίκαι ὡς σύ περ ὧδε καὶ ὁπλότεραι γεγάασιν,
αἵ κέ σε φίλωνται ἠμὲν ἔπει ἠδὲ καὶ ἔργῳ.
 Ὣς ἔφαθ', ἡ δ' ἐπέεσσιν ἀμείβετο πότνα θεάων·
τέκνα φίλ' αἵ τινές ἐστε γυναικῶν θηλυτεράων
χαίρετ', ἐγὼ δ' ὑμῖν μυθήσομαι· οὔ τοι ἀεικὲς   120
ὑμῖν εἰρομένῃσιν ἀληθέα μυθήσασθαι.
†Δὼς ἐμοί γ' ὄνομ' ἐστί· τὸ γὰρ θέτο πότνια μήτηρ·
νῦν αὖτε Κρήτηθεν ἐπ' εὐρέα νῶτα θαλάσσης
ἤλυθον οὐκ ἐθέλουσα, βίῃ δ' ἀέκουσαν ἀνάγκῃ
ἄνδρες ληϊστῆρες ἀπήγαγον. οἱ μὲν ἔπειτα   125
νηῒ θοῇ Θορικὸν δὲ κατέσχεθον, ἔνθα γυναῖκες
ἠπείρου ἐπέβησαν ἀολλέες ἠδὲ καὶ αὐτοὶ
δεῖπνον ἐπηρτύνοντο παρὰ πρυμνήσια νηός·
ἀλλ' ἐμοὶ οὐ δόρποιο μελίφρονος ἤρατο θυμός,
λάθρῃ δ' ὁρμηθεῖσα δι' ἠπείροιο μελαίνης   130
φεῦγον ὑπερφιάλους σημάντορας, ὄφρα κε μή με
ἀπριάτην περάσαντες ἐμῆς ἀποναίατο τιμῆς.
οὕτω δεῦρ' ἱκόμην ἀλαλημένη, οὐδέ τι οἶδα
ἥ τις δὴ γαῖ' ἐστὶ καὶ οἵ τινες ἐγγεγάασιν.

109 cf. p c. 4. 2, 3 καλλιόπης δὲ καὶ κλ[ει]σι[δί]κης καὶ Δαμ[ω]-ν[άσ]σης   109, 110 Paus. i. 38. 3 τὰ δὲ ἱερὰ τοῖν θεοῖν Εὔμολπος καὶ αἱ θυγατέρες δρῶσιν αἱ Κελεοῦ· καλοῦσι δὲ σφᾶς Πάμφως τε κατὰ ταὐτὰ καὶ Ὅμηρος Διογένειαν καὶ Παμμερόπην καὶ τρίτην Σαισάραν   112 δ' add. Ruhnken   115 πιλνᾶς M : πίλνασαι Voss : πιλνᾷ Hermann   117 φίλονται M corr. Voss   118 ἔφαν Voss   119 φίλα· τίνες M corr. Fontein   120 οὔτι M   121 εἰρομένοισιν M   122 Δωσώ Passow : Δωρὶς Ruhnken : Δμωὶς Mitscherlich : Δωὶς Hermann, Bechtel : Δωὰς Hermann : Δηὼ Fontein : Δὼς μὲν Brunck   132 ἀπονοίατο M corr. Ruhnken   134 ἐκγεγάασιν M corr. Ruhnken

ΕΙΣ ΔΗΜΗΤΡΑΝ

ἀλλ' ὑμῖν μὲν πάντες Ὀλύμπια δώματ' ἔχοντες 135
δοῖεν κουριδίους ἄνδρας καὶ τέκνα τεκέσθαι
ὡς ἐθέλουσι τοκῆες· ἐμὲ δ' αὖτ' οἰκτείρατε κοῦραι

προφρονέως φίλα τέκνα τέων πρὸς δώμαθ' ἴκωμαι
ἀνέρος ἠδὲ γυναικός, ἵνα σφίσιν ἐργάζωμαι
πρόφρων οἷα γυναικὸς ἀφήλικος ἔργα τέτυκται· 140
καί κεν παῖδα νεογνὸν ἐν ἀγκοίνῃσιν ἔχουσα
καλὰ τιθηνοίμην καὶ δώματα τηρήσαιμι
καί κε λέχος στορέσαιμι μυχῷ θαλάμων εὐπήκτων
δεσπόσυνον καί κ' ἔργα διαθρήσαιμι γυναικός.

Φῆ ῥα θεά· τὴν δ' αὐτίκ' ἀμείβετο παρθένος ἀδμὴς 145
Καλλιδίκη Κελεοῖο θυγατρῶν εἶδος ἀρίστη·

Μαῖα θεῶν μὲν δῶρα καὶ ἀχνύμενοί περ ἀνάγκῃ
τέτλαμεν ἄνθρωποι· δὴ γὰρ πολὺ φέρτεροί εἰσιν.
ταῦτα δέ τοι σαφέως ὑποθήσομαι ἠδ' ὀνομήνω
ἀνέρας οἷσιν ἔπεστι μέγα κράτος ἐνθάδε τιμῆς, 150
δήμου τε προὔχουσιν, ἰδὲ κρήδεμνα πόληος
εἰρύαται βουλῇσι καὶ ἰθείῃσι δίκῃσιν.
ἠμὲν Τριπτολέμου πυκιμήδεος ἠδὲ Διόκλου
ἠδὲ Πολυξείνου καὶ ἀμύμονος Εὐμόλποιο
καὶ Δολίχου καὶ πατρὸς ἀγήνορος ἡμετέροιο 155
τῶν πάντων ἄλοχοι κατὰ δώματα πορσαίνουσι·
τάων οὐκ ἄν τίς σε κατὰ πρώτιστον ὀπωπὴν
εἶδος ἀτιμήσασα δόμων ἀπονοσφίσσειεν,
ἀλλά σε δέξονται· δὴ γὰρ θεοείκελός ἐσσι.
εἰ δὲ θέλεις, ἐπίμεινον, ἵνα πρὸς δώματα πατρὸς 160
ἔλθωμεν καὶ μητρὶ βαθυζώνῳ Μετανείρῃ

137 ἔμ' αὖτ' Fontein: ἐμὲ δ' οἰκτείρατε Ilgen: ἐμοὶ δ' αὖτ' εἴπατε Cobet. lacunam statuimus cuius sententia fuerit τοῦτο δέ μοι σαφέως ὑποθήκατε ὄφρα πύθωμαι cl. 149   138 τέως pro τέων Ruhnken   141 ἔχουσα ex ἔχουσιν M m. p.   144 διαθήσαιμι γυναικὸς M corr. Bothe: διδασκήσαιμι γυναῖκας Voss: διασκήσαιμι Sikes: διαθλήσαιμι Ignarra: διαντλήσαιμι Mitscherlich   153 ἡ μὲν... ἡ δὲ 154 ἡ δὲ M corr. Matthiae   154 Pausanias i. 38. 2 'Ομήρῳ δὲ ἐς μὲν τὸ γένος ἐστὶν οὐδὲν αὐτοῦ πεποιημένον, ἐπονομάζει δὲ ἀγήνορα ἐν τοῖς ἔπεσι τὸν Εὔμολπον, unde ἀγήνορος hic ἀμύμονος 155 Ruhnken

ΥΜΝΟΙ

εἴπωμεν τάδε πάντα διαμπερές, αἴ κέ σ' ἀνώγῃ
ἡμέτερον δ' ἰέναι μηδ' ἄλλων δώματ' ἐρευνᾶν.
τηλύγετος δέ οἱ υἱὸς ἐνὶ μεγάρῳ εὐπήκτῳ
ὀψίγονος τρέφεται, πολυεύχετος ἀσπάσιός τε. 165
εἰ τόν γ' ἐκθρέψαιο καὶ ἥβης μέτρον ἵκοιτο
ῥεῖά κέ τίς σε ἰδοῦσα γυναικῶν θηλυτεράων
ζηλώσαι· τόσα κέν τοι ἀπὸ θρεπτήρια δοίη.
Ὣς ἔφαθ'· ἡ δ' ἐπένευσε καρήατι, ταὶ δὲ φαεινὰ
πλησάμεναι ὕδατος φέρον ἄγγεα κυδιάουσαι. 170
ῥίμφα δὲ πατρὸς ἵκοντο μέγαν δόμον, ὦκα δὲ μητρὶ
ἔννεπον ὡς εἶδόν τε καὶ ἔκλυον. ἡ δὲ μάλ' ὦκα
ἐλθούσας ἐκέλευε καλεῖν ἐπ' ἀπείρονι μισθῷ.
αἱ δ' ὥς τ' ἢ ἔλαφοι ἢ πόρτιες ἤαρος ὥρῃ
ἄλλοντ' ἂν λειμῶνα κορεσσάμεναι φρένα φορβῇ, 175
ὣς αἱ ἐπισχόμεναι ἑανῶν πτύχας ἱμεροέντων
ἤϊξαν κοίλην κατ' ἀμαξιτόν, ἀμφὶ δὲ χαῖται
ὤμοις ἀΐσσοντο κροκηΐῳ ἄνθει ὁμοῖαι.
τέτμον δ' ἐγγὺς ὁδοῦ κυδρὴν θεὰν ἔνθα πάρος περ
κάλλιπον· αὐτὰρ ἔπειτα φίλα πρὸς δώματα πατρὸς 180
ἡγεῦνθ', ἡ δ' ἄρ' ὄπισθε φίλον τετιημένη ἦτορ
στεῖχε κατὰ κρῆθεν κεκαλυμμένη, ἀμφὶ δὲ πέπλος
κυάνεος ῥαδινοῖσι θεᾶς ἐλελίζετο ποσσίν.
αἶψα δὲ δώμαθ' ἵκοντο διοτρεφέος Κελεοῖο,
βὰν δὲ δι' αἰθούσης ἔνθα σφίσι πότνια μήτηρ 185
ἧστο παρὰ σταθμὸν τέγεος πύκα ποιητοῖο
παῖδ' ὑπὸ κόλπῳ ἔχουσα νέον θάλος· αἱ δὲ παρ' αὐτὴν
ἔδραμον, ἡ δ' ἄρ' ἐπ' οὐδὸν ἔβη ποσὶ καί ῥα μελάθρου
κῦρε κάρη, πλῆσεν δὲ θύρας σέλαος θείοιο.
τὴν δ' αἰδώς τε σέβας τε ἰδὲ χλωρὸν δέος εἷλεν· 190
εἶξε δέ οἱ κλισμοῖο καὶ ἑδριάασθαι ἄνωγεν.

174 αἴδ' ὥς τοι M corr. Brunck   εἴαρος Ruhnken; cf. 401   180 φίλου Matthiae ut 107   182 κατ' ἄκρηθεν M corr. Ruhnken   183 θεῆς M corr. Ruhnken

ΕΙΣ ΔΗΜΗΤΡΑΝ

ἀλλ' οὐ Δημήτηρ ὡρηφόρος ἀγλαόδωρος
ἤθελεν ἑδριάασθαι ἐπὶ κλισμοῖο φαεινοῦ,
ἀλλ' ἀκέουσα ἔμιμνε κατ' ὄμματα καλὰ βαλοῦσα,
πρίν γ' ὅτε δή οἱ ἔθηκεν Ἰάμβη κέδν' εἰδυῖα   195
πηκτὸν ἕδος, καθύπερθε δ' ἐπ' ἀργύφεον βάλε κῶας.
ἔνθα καθεζομένη προκατέσχετο χερσὶ καλύπτρην·
δηρὸν δ' ἄφθογγος τετιημένη ἧστ' ἐπὶ δίφρου,
οὐδέ τιν' οὔτ' ἔπεϊ προσπτύσσετο οὔτε τι ἔργῳ,
ἀλλ' ἀγέλαστος ἄπαστος ἐδητύος ἠδὲ ποτῆτος   200
ἧστο πόθῳ μινύθουσα βαθυζώνοιο θυγατρός,
πρίν γ' ὅτε δὴ χλεύῃς μιν Ἰάμβη κέδν' εἰδυῖα
πολλὰ παρασκώπτουσ' ἐτρέψατο πότνιαν ἁγνὴν
μειδῆσαι γελάσαι τε καὶ ἵλαον σχεῖν θυμόν·
ἣ δή οἱ καὶ ἔπειτα μεθύστερον εὕαδεν ὀργαῖς.   205
τῇ δὲ δέπας Μετάνειρα δίδου μελιηδέος οἴνου
πλήσασ', ἣ δ' ἀνένευσ'· οὐ γὰρ θεμιτόν οἱ ἔφασκε
πίνειν οἶνον ἐρυθρόν, ἄνωγε δ' ἄρ' ἄλφι καὶ ὕδωρ
δοῦναι μίξασαν πιέμεν γλήχωνι τερείνῃ.
ἡ δὲ κυκεῶ τεύξασα θεᾷ πόρεν ὡς ἐκέλευε·   210
δεξαμένη δ' ὁσίης ἕνεκεν πολυπότνια Δηώ

τῇσι δὲ μύθων ἦρχεν ἐΰζωνος Μετάνειρα·
  Χαῖρε γύναι, ἐπεὶ οὔ σε κακῶν ἄπ' ἔολπα τοκήων
ἔμμεναι ἀλλ' ἀγαθῶν· ἐπί τοι πρέπει ὄμμασιν αἰδὼς
καὶ χάρις, ὡς εἴ πέρ τε θεμιστοπόλων βασιλήων.   215
ἀλλὰ θεῶν μὲν δῶρα καὶ ἀχνύμενοί περ ἀνάγκῃ
τέτλαμεν ἄνθρωποι· ἐπὶ γὰρ ζυγὸς αὐχένι κεῖται.
νῦν δ' ἐπεὶ ἵκεο δεῦρο, παρέσσεται ὅσσα τ' ἐμοί περ.
παῖδα δέ μοι τρέφε τόνδε, τὸν ὀψίγονον καὶ ἄελπτον

192 ὡραφόρος M corr. Ruhnken   196 κῶα M corr. Ruhnken
202 χλεύης M corr. Ruhnken   203 παρασκώπτουσα τρέψατο M corr.
Voss   205 ἤδη M, ἔβαδεν M corr. Ruhnken   207 οἱ] τοι M
corr. Matthiae   211 lacunam statuimus cuius sententia fuerit ἔκπιεν,
ἡ δὲ λαβοῦσα δέπας θέτο ἔνθ' ἀνάειρε   pro ἕνεκεν ἔλαχεν Schaefer:
ἐπέβη Voss   πίε πότνια Franke

ΥΜΝΟΙ

ὤπασαν ἀθάνατοι, πολυάρητος δέ μοί ἐστιν. 220
εἰ τόν γε θρέψαιο καὶ ἥβης μέτρον ἵκοιτο
ἦ ῥά κέ τίς σε ἰδοῦσα γυναικῶν θηλυτεράων
ζηλώσαι· τόσα κέν τοι ἀπὸ θρεπτήρια δοίην.
Τὴν δ' αὖτε προσέειπεν ἐϋστέφανος Δημήτηρ·
καὶ σὺ γύναι μάλα χαῖρε, θεοὶ δέ τοι ἐσθλὰ πόροιεν. 225
παῖδα δέ τοι πρόφρων ὑποδέξομαι ὥς με κελεύεις·
θρέψω, κού μιν ἔολπα κακοφραδίῃσι τιθήνης
οὔτ' ἄρ' ἐπηλυσίη δηλήσεται οὔθ' ὑποτάμνον·
οἶδα γὰρ ἀντίτομον μέγα φέρτερον ὑλοτόμοιο,
οἶδα δ' ἐπηλυσίης πολυπήμονος ἐσθλὸν ἐρυσμόν. 230
Ὣς ἄρα φωνήσασα θυώδεϊ δέξατο κόλπῳ
χερσίν τ' ἀθανάτοισι· γεγήθει δὲ φρένα μήτηρ.
ὣς ἡ μὲν Κελεοῖο δαΐφρονος ἀγλαὸν υἱὸν
Δημοφόωνθ', ὃν ἔτικτεν ἐΰζωνος Μετάνειρα,
ἔτρεφεν ἐν μεγάροις· ὁ δ' ἀέξετο δαίμονι ἶσος 235
οὔτ' οὖν σῖτον ἔδων, οὐ θησάμενος ⟨γάλα μητρὸς⟩
Δημήτηρ
χρίεσκ' ἀμβροσίῃ ὡς εἰ θεοῦ ἐκγεγαῶτα,
ἡδὺ καταπνείουσα καὶ ἐν κόλποισιν ἔχουσα·
νύκτας δὲ κρύπτεσκε πυρὸς μένει ἠΰτε δαλὸν
λάθρα φίλων γονέων· τοῖς δὲ μέγα θαῦμ' ἐτέτυκτο 240
ὡς προθαλὴς τελέθεσκε, θεοῖσι δὲ ἄντα ἐῴκει.
καί κέν μιν ποίησεν ἀγήρων τ' ἀθάνατόν τε
εἰ μὴ ἄρ' ἀφραδίῃσιν ἐΰζωνος Μετάνειρα
νύκτ' ἐπιτηρήσασα θυώδεος ἐκ θαλάμοιο
σκέψατο· κώκυσεν δὲ καὶ ἄμφω πλήξατο μηρὼ 245
δείσασ' ᾧ περὶ παιδὶ καὶ ἀάσθη μέγα θυμῷ,

---

220 πολυήρατος M corr. Ruhnken   228 ἐπηλσίησι δηλήσεται οὔθ' ὑποταμνὸν M : ἐπηλυσίη Ruhnken, cl. Herm. 37   pro ὑποταμνὸν ὑποταμνῶν Ignarra : οὔτε τομαῖον Voss : ὑπόθαμνον et ὀρόδαμνος commendat Buecheler. subcidens vermis est   229 ὑλοτόμοιο] οὐλοτόμοιο Voss. et silvicida vermis   236 θησάμενος δημήτηρ M. lacunam a Mitscherlichio statutam explevit Hermann, cf. Herm. 267   237 ἀλλά μιν ἠματίη μὲν ἐϋστέφανος Δημήτηρ Stoll   240 λάθρα ἑῶν Spitzner

ΕΙΣ ΔΗΜΗΤΡΑΝ

καί ῥ' ὀλοφυρομένη ἔπεα πτερόεντα προσηύδα·
Τέκνον Δημοφόων ξείνη σε πυρὶ ἔνι πολλῷ
κρύπτει, ἐμοὶ δὲ γόον καὶ κήδεα λυγρὰ τίθησιν.
Ὣς φάτ' ὀδυρομένη· τῆς δ' ἄϊε δῖα θεάων. 250
τῇ δὲ χολωσαμένη καλλιστέφανος Δημήτηρ
παῖδα φίλον, τὸν ἄελπτον ἐνὶ μεγάροισιν ἔτικτε,
χείρεσσ' ἀθανάτῃσιν ἀπὸ ἕο θῆκε πέδον δὲ
ἐξανελοῦσα πυρὸς θυμῷ κοτέσασα μάλ' αἰνῶς,
καί ῥ' ἄμυδις προσέειπεν ἐΰζωνον Μετάνειραν· 255
Νήϊδες ἄνθρωποι καὶ ἀφράδμονες οὔτ' ἀγαθοῖο
αἶσαν ἐπερχομένου προγνώμεναι οὔτε κακοῖο·
καὶ σὺ γὰρ ἀφραδίῃσι τεῇς μήκιστον ἀάσθης.
ἴστω γὰρ θεῶν ὅρκος ἀμείλικτον Στυγὸς ὕδωρ
ἀθάνατόν κέν τοι καὶ ἀγήραον ἤματα πάντα 260
παῖδα φίλον ποίησα καὶ ἄφθιτον ὤπασα τιμήν·
νῦν δ' οὐκ ἔσθ' ὥς κεν θάνατον καὶ κῆρας ἀλύξαι.
τιμὴ δ' ἄφθιτος αἰὲν ἐπέσσεται οὕνεκα γούνων
ἡμετέρων ἐπέβη καὶ ἐν ἀγκοίνῃσιν ἴαυσεν.
ὥρῃσιν δ' ἄρα τῷ γε περιπλομένων ἐνιαυτῶν 265
παῖδες Ἐλευσινίων πόλεμον καὶ φύλοπιν αἰνὴν
αἰὲν ἐν ἀλλήλοισι συνάξουσ' ἤματα πάντα.
εἰμὶ δὲ Δημήτηρ τιμάοχος, ἥ τε μέγιστον
ἀθανάτοις θνητοῖσί τ' ὄνεαρ καὶ χάρμα τέτυκται.
ἀλλ' ἄγε μοι νηόν τε μέγαν καὶ βωμὸν ὑπ' αὐτῷ 270

248, 249 = p c. 6. 12-14   248 πυρῇ ἔνι πο]λλῇ p nescio an recte ;
cf. 287 η 13 ι 251 Herod. ii. 39   253 ἄπω M corr. Matthiae
256-262 = p c. 6. 15-20 qui ita se habent :
    ἄφρονε[ς] ἄνθ[ρω]ποι δυστλήμονες [οὔτε κακοῖο
    ἐπ]ερ[χομένου πρ]ογνώμονες οὔτ' ἀ[γ]α[θοῖο
    γ]ὰρ ἀβραδί[ης   ]μος πολὺ πείρατι νυκτὸς
    τη   εκ.α   ἥρπασεν ἀγήρ
    νῦν δ' οὐ]κ ἔσθ' ὥς [κεν θά]νατον [. . . .
cf. et Orphica fr. 76 Abel.   257 προγνώμενοι M corr. Matthiae :
-ες p   258 νήκεστον Voss cl. Hes. Opp. 283   259-261 om. p
261 ποιήσασα M corr. Ruhnken   263 ἄφθιτον M corr. Ruhnken
267 συναυξήσουσ' M corr. Ignarra   268 p c. 7. 2, 3 εἰμὶ δὲ Δη[μ]ήτηρ
ὡρηφόρ[ος ἀγλαό]δωρος, cf. 54   269 ἀθανάτοις θνητοῖσιν ὄνειαρ M :
θνητοῖσί τ' Ruhnken : ὄνεαρ Ilgen

ΥΜΝΟΙ

τευχόντων πᾶς δῆμος ὑπαὶ πόλιν αἰπύ τε τεῖχος
Καλλιχόρου καθύπερθεν ἐπὶ προὔχοντι κολωνῷ·
ὄργια δ' αὐτὴ ἐγὼν ὑποθήσομαι ὡς ἂν ἔπειτα
εὐαγέως ἔρδοντες ἐμὸν νόον ἱλάσκοισθε.
Ὣς εἰποῦσα θεὰ μέγεθος καὶ εἶδος ἄμειψε 275
γῆρας ἀπωσαμένη, περί τ' ἀμφί τε κάλλος ἄητο·
ὀδμὴ δ' ἱμερόεσσα θυηέντων ἀπὸ πέπλων
σκίδνατο, τῆλε δὲ φέγγος ἀπὸ χροὸς ἀθανάτοιο
λάμπε θεᾶς, ξανθαὶ δὲ κόμαι κατενήνοθεν ὤμους,
αὐγῆς δ' ἐπλήσθη πυκινὸς δόμος ἀστεροπῆς ὥς. 280
βῆ δὲ διὲκ μεγάρων, τῆς δ' αὐτίκα γούνατ' ἔλυντο,
δηρὸν δ' ἄφθογγος γένετο χρόνον, οὐδέ τι παιδὸς
μνήσατο τηλυγέτοιο ἀπὸ δαπέδου ἀνελέσθαι.
τοῦ δὲ κασίγνηται φωνὴν ἐσάκουσαν ἐλεεινήν,
κὰδ δ' ἄρ' ἀπ' εὐστρώτων λεχέων θόρον· ἡ μὲν ἔπειτα 285
παῖδ' ἀνὰ χερσὶν ἑλοῦσα ἑῷ ἐγκάτθετο κόλπῳ,
ἡ δ' ἄρα πῦρ ἀνέκαι', ἡ δ' ἔσσυτο πόσσ' ἁπαλοῖσι
μητέρ' ἀναστήσουσα θυώδεος ἐκ θαλάμοιο.
ἀγρόμεναι δέ μιν ἀμφὶς ἐλούεον ἀσπαίροντα
ἀμφαγαπαζόμεναι· τοῦ δ' οὐ μειλίσσετο θυμός· 290
χειρότεραι γὰρ δή μιν ἔχον τροφοὶ ἠδὲ τιθῆναι.
Αἱ μὲν παννύχιαι κυδρὴν θεὸν ἱλάσκοντο
δείματι παλλόμεναι· ἅμα δ' ἠοῖ φαινομένηφιν
εὐρυβίῃ Κελεῷ νημερτέα μυθήσαντο,
ὡς ἐπέτελλε θεὰ καλλιστέφανος Δημήτηρ. 295
αὐτὰρ ὅ γ' εἰς ἀγορὴν καλέσας πολυπείρονα λαὸν
ἤνωγ' ἠϋκόμῳ Δημήτερι πίονα νηὸν
ποιῆσαι καὶ βωμὸν ἐπὶ προὔχοντι κολωνῷ.
οἱ δὲ μάλ' αἶψ' ἐπίθοντο καὶ ἔκλυον αὐδήσαντος,
τεῦχον δ' ὡς ἐπέτελλ'· ὁ δ' ἀέξετο δαίμονος αἴσῃ. 300
αὐτὰρ ἐπεὶ τέλεσαν καὶ ἐρώησαν καμάτοιο

---

274 νηὸν M corr. Ruhnken   279 θεῆς M corr. Hermann   280 αὐτῆς
M corr. Ruhnken   287 πυρὰν ἔκαι' M corr. Ruhnken, v. 248   299 αἶψα
πίθοντο M ante corr.   301 ἐτέλεσσαν M corr. Valckenaer

ΕΙΣ ΔΗΜΗΤΡΑΝ

βάν ῥ' ἴμεν οἴκαδ' ἕκαστος· ἀτὰρ ξανθὴ Δημήτηρ
ἔνθα καθεζομένη μακάρων ἀπὸ νόσφιν ἀπάντων
μίμνε πόθῳ μινύθουσα βαθυζώνοιο θυγατρός.
αἰνότατον δ' ἐνιαυτὸν ἐπὶ χθόνα πουλυβότειραν   305
ποίησ' ἀνθρώποις καὶ κύντατον, οὐδέ τι γαῖα
σπέρμ' ἀνίει· κρύπτεν γὰρ ἐϋστέφανος Δημήτηρ.
πολλὰ δὲ καμπύλ' ἄροτρα μάτην βόες ἕλκον ἀρούραις,
πολλὸν δὲ κρῖ λευκὸν ἐτώσιον ἔμπεσε γαίῃ.
καί νύ κε πάμπαν ὄλεσσε γένος μερόπων ἀνθρώπων   310
λιμοῦ ὑπ' ἀργαλέης, γεράων τ' ἐρικυδέα τιμὴν
καὶ θυσιῶν ἤμερσεν Ὀλύμπια δώματ' ἔχοντας,
εἰ μὴ Ζεὺς ἐνόησεν ἑῷ τ' ἐφράσσατο θυμῷ.
Ἶριν δὲ πρῶτον χρυσόπτερον ὦρσε καλέσσαι
Δήμητρ' ἠΰκομον πολυήρατον εἶδος ἔχουσαν.   315
ὣς ἔφαθ'· ἡ δὲ Ζηνὶ κελαινεφέϊ Κρονίωνι
πείθετο καὶ μεσσηγὺ διέδραμεν ὦκα πόδεσσιν.
ἵκετο δὲ πτολίεθρον Ἐλευσῖνος θυοέσσης,
εὗρεν δ' ἐν νηῷ Δημήτερα κυανόπεπλον,
καί μιν φωνήσασ' ἔπεα πτερόεντα προσηύδα·   320
Δήμητερ καλέει σε πατὴρ Ζεὺς ἄφθιτα εἰδὼς
ἐλθέμεναι μετὰ φῦλα θεῶν αἰειγενετάων.
ἀλλ' ἴθι, μηδ' ἀτέλεστον ἐμὸν ἔπος ἐκ Διὸς ἔστω.
Ὣς φάτο λισσομένη· τῆς δ' οὐκ ἐπεπείθετο θυμός.
αὖτις ἔπειτα πατὴρ μάκαρας θεοὺς αἰὲν ἐόντας   325
πάντας ἐπιπροΐαλλεν· ἀμοιβηδὶς δὲ κιόντες
κίκλησκον καὶ πολλὰ δίδον περικαλλέα δῶρα,
τιμάς θ' ἅς κ' †ἐθέλοιτο† μετ' ἀθανάτοισιν ἑλέσθαι·
ἀλλ' οὔ τις πεῖσαι δύνατο φρένας οὐδὲ νόημα
θυμῷ χωομένης, στερεῶς δ' ἠναίνετο μύθους.   330

302 βὰν δ' M corr. Wyttenbach   304 θυγατρός ex γυναικός corr. M
308 εἷλκον M   314 ἤρην M corr. Ruhnken, contra ἤρην pro Ἶριν Bentleius ad Ar. Av. 575   317 τὸ μεσσηγὺ Ilgen cl. Ap. 108   325 πατὴρ add. Valckenaer, cf. 345   328 κεν ἕλοιτο μετ' ἀθανάτοισι θεοῖσι Hermann cl. 444 : κε βόλοιτο nos cl. Λ 319   329 ἠδὲ Brunck mutatione facili (Ε 484 Ο 409 Ρ 42 Ω 750 al.) sed vix necessaria

ΥΜΝΟΙ

οὐ μὲν γάρ ποτ' ἔφασκε θυώδεος Οὐλύμποιο
πρίν γ' ἐπιβήσεσθαι, οὐ πρὶν γῆς καρπὸν ἀνήσειν,
πρὶν ἴδοι ὀφθαλμοῖσιν ἑὴν εὐώπιδα κούρην.

Αὐτὰρ ἐπεὶ τό γ' ἄκουσε βαρύκτυπος εὐρύοπα Ζεὺς
εἰς Ἔρεβος πέμψε χρυσόρραπιν Ἀργειφόντην, 335
ὄφρ' Ἀΐδην μαλακοῖσι παραιφάμενος ἐπέεσσιν
ἁγνὴν Περσεφόνειαν ἀπὸ ζόφου ἠερόεντος
ἐς φάος ἐξαγάγοι μετὰ δαίμονας, ὄφρα ἑ μήτηρ
ὀφθαλμοῖσιν ἰδοῦσα μεταλήξειε χόλοιο.
Ἑρμῆς δ' οὐκ ἀπίθησεν, ἄφαρ δ' ὑπὸ κεύθεα γαίης 340
ἐσσυμένως κατόρουσε λιπὼν ἕδος Οὐλύμποιο.
τέτμε δὲ τόν γε ἄνακτα δόμων ἔντοσθεν ἐόντα
ἥμενον ἐν λεχέεσσι σὺν αἰδοίῃ παρακοίτι
πόλλ' ἀεκαζομένῃ μητρὸς πόθῳ· ἡ δ' ἀποτηλοῦ
ἔργοις θεῶν μακάρων ⌣⌣— μητίσετο βουλῇ. 345
ἀγχοῦ δ' ἱστάμενος προσέφη κρατὺς Ἀργειφόντης·
"Ἄιδη κυανοχαῖτα καταφθιμένοισιν ἀνάσσων
Ζεύς σε πατὴρ ἤνωγεν ἀγαυὴν Περσεφόνειαν
ἐξαγαγεῖν Ἐρέβευσφι μετὰ σφέας, ὄφρα ἑ μήτηρ
ὀφθαλμοῖσιν ἰδοῦσα χόλου καὶ μήνιος αἰνῆς 350
ἀθανάτοις παύσειεν· ἐπεὶ μέγα μήδεται ἔργον
φθῖσαι φῦλ' ἀμενηνὰ χαμαιγενέων ἀνθρώπων
σπέρμ' ὑπὸ γῆς κρύπτουσα, καταφθινύθουσα δὲ τιμὰς
ἀθανάτων. ἡ δ' αἰνὸν ἔχει χόλον, οὐδὲ θεοῖσι
μίσγεται, ἀλλ' ἀπάνευθε θυώδεος ἔνδοθι νηοῦ 355
ἧσται, Ἐλευσῖνος κραναὸν πτολίεθρον ἔχουσα.

332 ἐπιβήσεσθ' M corr. Voss   344 ἠδ' ἐπ' ἀτλήτων M : ἀποτηλοῦ satis probabiliter Ilgen, cf. ἀπάνευθε 355 : ἔτ' ἄπλητον idem : ἀτελέστων Ruhnken : ἔτ' ἄληκτον Voss : ἐπ' ἀλιτρῶν seu ἀπατηλῶν Mitscherlich : ἐπ' ἀλάστοις Hermann : ἐπὶ ἔργοις | ἀτλήτοισι C. Burney in marg. ed. Ruhnkenianae   345 ἔργοις θεῶν] ὀργισθεῖσα Ignarra : excidisse videtur anapaestus cl. 325, ex. gr. θάνατον (Ο 349), τι κακὸν (Ap. 325 a). ἔργοις ἀθανάτων μακάρων μηνίετο βουλὴν Ruhnken : ἔργοισιν μακάρων ὀλοὴν Hermann : δεινὴν μηνίετο βουλὴν Voss   348 σε] με Wyttenbach   351 λήξειεν C. Burney, Hermann cl. 410

ΕΙΣ ΔΗΜΗΤΡΑΝ

Ὣς φάτο· μείδησεν δὲ ἄναξ ἐνέρων Ἀϊδωνεὺς
ὀφρύσιν, οὐδ᾽ ἀπίθησε Διὸς βασιλῆος ἐφετμῆς.
ἐσσυμένως δ᾽ ἐκέλευσε δαΐφρονι Περσεφονείῃ·
ἔρχεο Περσεφόνη παρὰ μητέρα κυανόπεπλον   360
ἤπιον ἐν στήθεσσι μένος καὶ θυμὸν ἔχουσα,
μηδέ τι δυσθύμαινε λίην περιώσιον ἄλλων.
οὔ τοι ἐν ἀθανάτοισιν ἀεικὴς ἔσσομ᾽ ἀκοίτης
αὐτοκασίγνητος πατρὸς Διός· ἔνθα δ᾽ ἐοῦσα
δεσπόσσεις πάντων ὁπόσα ζώει τε καὶ ἕρπει,   365
τιμὰς δὲ σχήσησθα μετ᾽ ἀθανάτοισι μεγίστας,
τῶν δ᾽ ἀδικησάντων τίσις ἔσσεται ἤματα πάντα
οἵ κεν μὴ θυσίαισι τεὸν μένος ἱλάσκωνται
εὐαγέως ἔρδοντες ἐναίσιμα δῶρα τελοῦντες.

Ὣς φάτο· γήθησεν δὲ περίφρων Περσεφόνεια,   370
καρπαλίμως δ᾽ ἀνόρουσ᾽ ὑπὸ χάρματος· αὐτὰρ ὅ γ᾽ αὐτὸς
ῥοιῆς κόκκον ἔδωκε φαγεῖν μελιηδέα λάθρῃ
ἀμφὶ ἓ νωμήσας, ἵνα μὴ μένοι ἤματα πάντα
αὖθι παρ᾽ αἰδοίῃ Δημήτερι κυανοπέπλῳ.
ἵππους δὲ προπάροιθεν ὑπὸ χρυσέοισιν ὄχεσφιν   375
ἔντυεν ἀθανάτους πολυσημάντωρ Ἀϊδωνεύς.
ἡ δ᾽ ὀχέων ἐπέβη, παρὰ δὲ κρατὺς Ἀργειφόντης
ἡνία καὶ μάστιγα λαβὼν μετὰ χερσὶ φίλῃσι
σεῦε διὲκ μεγάρων· τὼ δ᾽ οὐκ ἄκοντε πετέσθην.
ῥίμφα δὲ μακρὰ κέλευθα διήνυσαν, οὐδὲ θάλασσα 380
οὔθ᾽ ὕδωρ ποταμῶν οὔτ᾽ ἄγκεα ποιήεντα
ἵππων ἀθανάτων οὔτ᾽ ἄκριες ἔσχεθον ὁρμήν,
ἀλλ᾽ ὑπὲρ αὐτάων βαθὺν ἠέρα τέμνον ἰόντες.
στῆσε δ᾽ ἄγων ὅθι μίμνεν ἐϋστέφανος Δημήτηρ
νηοῖο προπάροιθε θυώδεος· ἡ δὲ ἰδοῦσα   385

357 ἀνέρων M corr. Ruhnken : eadem tria verba I. G. Sic. Ital. 1842   362 θυσθύμαινε M corr. Ruhnken   363 ἄκοιτις M corr. Ruhnken   364 ἰοῦσα M corr.   366 σχήσεισθα Boissonade alii   368 ἱλάσκονται M corr. Valckenaer   373 ἀμφί ἑ Ruhnken alii : ἀμφὶς Santen

ΥΜΝΟΙ

ἤϊξ᾽ ἠΰτε μαινὰς ὄρος κάτα δάσκιον ὕλης.
Περσεφόνη δ᾽ ἑτέρ[ωθεν ἐπεὶ ἴδεν ὄμματα καλὰ]
μητρὸς ἑῆς κατ᾽ [ἄρ᾽ ἥ γ᾽ ὄχεα προλιποῦσα καὶ ἵππους]
ἆλτο θέει[ν, δειρῇ δέ οἱ ἔμπεσεν ἀμφιχυθεῖσα·]
τῇ δὲ [φίλην ἔτι παῖδα ἑῆς μετὰ χερσὶν ἐχούσῃ]   390
α[ἶψα δόλον θυμός τιν᾽ ὀΐσατο, τρέσσε δ᾽ ἄρ᾽ αἰνῶς]
πα[υ]ομ[ένη φιλότητος, ἄφαρ δ᾽ ἐρεείνετο μύθῳ·]
    Τέκνον μή ῥά τί μοι σ[ύ γε πάσσαο νέρθεν ἐοῦσα]
βρώμης; ἐξαύδα, [μὴ κεῦθ᾽, ἵνα εἴδομεν ἄμφω·]
ὣς μὲν γάρ κ᾽ ἀνιοῦσα π[αρὰ στυγεροῦ Ἀΐδαο]   395
καὶ παρ᾽ ἐμοὶ καὶ πατρὶ κελ[αινεφέϊ Κρονίωνι]
ναιετάοις πάντεσσι τετιμ[ένη ἀθανάτοι]σιν.
εἰ δέ, πτᾶσα πάλιν ⟨σύ γ᾽⟩ ἰοῦσ᾽ ὑπ[ὸ κεύθεσι γαίης]
οἰκήσεις ὠρέων τρίτατον μέρ[ος εἰς ἐνιαυτόν,]
τὰς δὲ δύω παρ᾽ ἐμοί τε καὶ [ἄλλοις ἀθανά]τοισιν.   400
ὁππότε δ᾽ ἄνθεσι γαῖ᾽ εὐώδε[σιν] ἠαρινο[ῖσι]
παντοδαποῖς θάλλει, τότ᾽ ἀπὸ ζόφου ἠερόεντος
αὖτις ἄνει μέγα θαῦμα θεοῖς θνητοῖς τ᾽ ἀνθρώποις.

καὶ τίνι σ᾽ ἐξαπάτησε δόλῳ κρατερ[ὸς Πολυδ]έγμων;
    Τὴν δ᾽ αὖ Περσεφόνη περικαλλὴς ἀντίον ηὔδα·   405
τοιγὰρ ἐγώ σοι μῆτερ ἐρέω νημερτέα πάντα·
εὖτέ μοι Ἑρμῆς ἦ[λθ]᾽ ἐριούνιος ἄγγελος ὠκὺς
πὰρ πατέρος Κρονίδαο καὶ ἄλλων οὐρανιώνων

---

386 ὕλης M : cf. Anacreon 51, Anacreontea 32. 7, Moschus iii. 89 Hecataeus 172 οὔρεα δασέα ὕλῃσι, C. R. 1906. 290 : ὕλη Ruhnken 387 lacunam quae versus 387–405, 462–478 hausit explevit scriba s. xvi (*m*): quae dedimus supplementa Alfredi Goodwin ingenio plerumque debentur   392 παομένη leg. E. Maunde Thompson   394 βρώμης M corr. Voss   μὴ κεῦθ᾽ Ilgen   ἵνα εἴδομεν ἄμφω Hermann   395 κε νέουσα M corr. Ruhnken   396 suppl. *m*   397 ναιετάεις M (ss. οι)   τετιμημένη *m* corr. Ruhnken   398 εἰ δὲ πτᾶσα πάλιν ἰοῦσ᾽ ὑπ M reposuimus C. R. 1901. 97   ὑπὸ κεύθεσι γαίης *m*   399 ὀρέων M corr. Ilgen   μοῖραν εἰς ἐνιαυτὸν *m* sed μέρ M   400 suppl. *m*   401 suppl. *m*   403 ἀνεῖ M corr. Wyttenbach lacunam statuit Ruhnken : εἰπὲ δὲ πῶς σ᾽ ἥρπαξεν ὑπὸ ζόφον ἠερόεντα suppl. Goodwin   404 καί τιν᾽ ἐξαπάτησε M corr. Ruhnken   407 suppl. Mitscherlich

ΕΙΣ ΔΗΜΗΤΡΑΝ

ἐλθεῖν ἐξ Ἐρέβευς, ἵνα μ᾽ ὀφθαλμοῖσιν ἰδοῦσα
λήξαις ἀθανάτοισι χόλου καὶ μήνιος αἰνῆς, 410
αὐτὰρ ἐγὼν ἀνόρουσ᾽ ὑπὸ χάρματος, αὐτὰρ ὁ λάθρῃ
ἔμβαλέ μοι ῥοιῆς κόκκον, μελιηδέ᾽ ἐδωδήν,
ἄκουσαν δὲ βίῃ με προσηνάγκασσε πάσασθαι.
ὡς δέ μ᾽ ἀναρπάξας Κρονίδεω πυκινὴν διὰ μῆτιν
ᾤχετο πατρὸς ἐμοῖο φέρων ὑπὸ κεύθεα γαίης 415
ἐξερέω καὶ πάντα διίξομαι ὡς ἐρεείνεις.
ἡμεῖς μὲν μάλα πᾶσαι ἀν᾽ ἱμερτὸν λειμῶνα,
Λευκίππη Φαινώ τε καὶ Ἠλέκτρη καὶ Ἰάνθη
καὶ Μελίτη Ἰάχη τε Ῥόδειά τε Καλλιρόη τε
Μηλόβοσίς τε Τύχη τε καὶ Ὠκυρόη καλυκῶπις 420
Χρυσηΐς τ᾽ Ἰάνειρά τ᾽ Ἀκάστη τ᾽ Ἀδμήτη τε
καὶ Ῥοδόπη Πλουτώ τε καὶ ἱμερόεσσα Καλυψὼ
καὶ Στὺξ Οὐρανίη τε Γαλαξαύρη τ᾽ ἐρατεινὴ
Παλλάς τ᾽ ἐγρεμάχη καὶ Ἄρτεμις ἰοχέαιρα
παίζομεν ἠδ᾽ ἄνθεα δρέπομεν χείρεσσ᾽ ἐρόεντα, 425
μίγδα κρόκον τ᾽ ἀγανὸν καὶ ἀγαλλίδας ἠδ᾽ ὑάκινθον
καὶ ῥοδέας κάλυκας καὶ λείρια, θαῦμα ἰδέσθαι,
νάρκισσόν θ᾽ ὃν ἔφυσ᾽ ὥς περ κρόκον εὐρεῖα χθών.
αὐτὰρ ἐγὼ δρεπόμην περὶ χάρματι, γαῖα δ᾽ ἔνερθε

411 αὐτίκ᾽ Ilgen : εἶθαρ Ruhnken   418-423 = p c. 2. 7-13.
Paus. iv. 30. 4 πρῶτος δὲ ὧν οἶδα ἐποιήσατο ἐν τοῖς ἔπεσιν Ὅμηρος Τύχης
μνήμην. ἐποιήσατο δὲ ἐν τῷ ὕμνῳ τῷ ἐς τὴν Δήμητρα, ἄλλας τε τῶν
Ὠκεανοῦ θυγατέρας καταριθμούμενος, ὡς ὁμοῦ Κόρῃ τῇ Δήμητρος παίζοιεν, καὶ Τύχην ὡς Ὠκεανοῦ καὶ ταύτην παῖδα οὖσαν. καὶ οὕτως ἔχει τὰ
ἔπη·
      ἡμεῖς μὲν μάλα πᾶσαι ἀν᾽ ἱμερτὸν λειμῶνα
      Λευκίππη Φαινώ τε καὶ Ἠλέκτρη καὶ Ἰάνθη
      Μηλόβοσίς τε Τύχη τε καὶ Ὠκυρόη καλυκῶπις.
Oceanides recenset et Hesiodus Theog. 349 sqq.   418 φανερη p
Ἰάνθη τ᾽ Ἠλέκτρη τε Hes. Theog. 349   419 om. p Paus.   Ἱππώ τε
Κλυμένη τε Ῥόδειά τε Καλλιρόη τε Hes. 351   ῥόεια M   420 ita p Paus.
Μηλόβοσίς τε Θόη τε καὶ εὐειδὴς Πολυδώρη Hes. 354   μηλοβόστη τε corr.
ex μηλοβοείη seu μηλοβότη τε M   ὠκύβθη M   421 ita p   ἀκατάστη M
422 hab. p   423 ita p cf. Hes. 353, 361   ταλαξαύρη M   426 κροκοέντα γανὸν M corr. Voss   427 ῥόδα ἐς M corr. Heyne   428 cf.
178, Ap. Rhod. iii. 855, Diosc. iv. 161 (158), Hipponax 41 ἔστι δ᾽ οἷά
περ κρόκος   429 δρεπομένη M corr. Ruhnken

χώρησεν, τῇ δ' ἔκθορ' ἄναξ κρατερὸς πολυδέγμων. 430
βῆ δὲ φέρων ὑπὸ γαῖαν ἐν ἅρμασι χρυσείοισι
πόλλ' ἀεκαζομένην, ἐβόησα δ' ἄρ' ὄρθια φωνῇ.
ταῦτά τοι ἀχνυμένη περ ἀληθέα πάντ' ἀγορεύω.
Ὣς τότε μὲν πρόπαν ἦμαρ ὁμόφρονα θυμὸν ἔχουσαι
πολλὰ μάλ' ἀλλήλων κραδίην καὶ θυμὸν ἴαινον 435
ἀμφαγαπαζόμεναι, ἀχέων δ' ἀπεπαύετο θυμός.
γηθοσύνας δὲ δέχοντο παρ' ἀλλήλων ἐδιδ[όν τε.]
τῇσιν δ' ἐγγύθεν ἦλθ' Ἑκάτη λιπαροκρήδεμνος,
πολλὰ δ' ἄρ' ἀμφαγάπησε κόρην Δημήτερος ἁγνῆς·
ἐκ τοῦ οἱ πρόπολος καὶ ὀπάων ἔπλετ' ἄνασσα. 440
ταῖς δὲ μετάγγελον ἧκε βαρύκτυπος εὐρύοπα Ζεὺς
Ῥείην ἠΰκομον ἣν μητέρα κυανόπεπλον
ἀξέμεναι μετὰ φῦλα θεῶν, ὑπέδεκτο δὲ τιμὰς
δωσέμεν, ἅς κεν ἕλοιτο μετ' ἀθανάτοισι θεοῖσι·
νεῦσε δέ οἱ κούρην ἔτεος περιτελλομένοιο 445
τὴν τριτάτην μὲν μοῖραν ὑπὸ ζόφον ἠερόεντα,
τὰς δὲ δύω παρὰ μητρὶ καὶ ἄλλοις ἀθανάτοισιν.
ὣς ἔφατ'· οὐδ' ἀπίθησε θεὰ Διὸς ἀγγελιάων.
ἐσσυμένως δ' ἤϊξε κατ' Οὐλύμποιο καρήνων,
εἰς δ' ἄρα Ῥάριον ἷξε, φερέσβιον οὖθαρ ἀρούρης 450
τὸ πρίν, ἀτὰρ τότε γ' οὔ τι φερέσβιον, ἀλλὰ ἕκηλον
ἑστήκει πανάφυλλον· ἔκευθε δ' ἄρα κρῖ λευκὸν
μήδεσι Δήμητρος καλλισφύρου· αὐτὰρ ἔπειτα
μέλλεν ἄφαρ ταναοῖσι κομήσειν ἀσταχύεσσιν
ἦρος ἀεξομένοιο, πέδῳ δ' ἄρα πίονες ὄγμοι 455
βρισέμεν ἀσταχύων, τὰ δ' ἐν ἐλλεδανοῖσι δεδέσθαι.
ἔνθ' ἐπέβη πρώτιστον ἀπ' αἰθέρος ἀτρυγέτοιο·
ἀσπασίως δ' ἴδον ἀλλήλας, κεχάρηντο δὲ θυμῷ.
τὴν δ' ὧδε προσέειπε Ῥέη λιπαροκρήδεμνος·

437 γηθόσυναι M corr. Ruhnken   ἐδίδ M : ἐδίδοντο m corr. Ruhnken
440 πρόπολον καὶ ὀπάονα cit. Philodemus de piet. 40. 5 (Ὅμηρος ἐν
τοῖς ὕμνοις)   441 μετ' M   442 Δημήτερα Fontein, cf. Herod. iv.
53. 6   450 ῥίον M corr. Ruhnken   452 εἰστήκει M corr. Hermann

ΕΙΣ ΔΗΜΗΤΡΑΝ

Δεῦρο τέκος, καλέει σε βαρύκτυπος εὐρύοπα Ζεὺς 460
ἐλθέμεναι μετὰ φῦλα θεῶν, ὑπέδεκτο δὲ τιμὰς
[δωσέμεν, ἅς κ' ἐθέλῃσθα] μετ' ἀθανάτοισι θεοῖσι.
[νεῦσε δέ σοι κούρην ἔτεος π]εριτελλομένοιο
[τὴν τριτάτην μὲν μοῖραν ὑπὸ ζόφον ἠ]ερόεντα,
[τὰς δὲ δύω παρὰ σοί τε καὶ ἄλλοις] ἀθανάτοισιν. 465
[ὣς ἄρ' ἔφη τελέ]εσθαι· ἑῷ δ' ἐπένευσε κάρητι.
[ἀλλ' ἴθι τέκνον] ἐμὸν καὶ πείθεο, μηδέ τι λίην
ἀ[ζηχὲς μεν]έαινε κελαινεφέϊ Κρονίωνι·
α[ἶψα δὲ κα]ρπὸν ἄεξε φερέσβιον ἀνθρώποισιν.
Ὣ[ς ἔφατ', οὐ]δ' ἀπίθησεν ἐϋστέφανος Δημήτηρ, 470
αἶψα δὲ καρπὸν ἀνῆκεν ἀρουράων ἐριβώλων.
πᾶσα δὲ φύλλοισίν τε καὶ ἄνθεσιν εὐρεῖα χθὼν
ἔβρισ'· ἡ δὲ κιοῦσα θεμιστοπόλοις βασιλεῦσι
δ[εῖξε,] Τριπτολέμῳ τε Διοκλεῖ τε πληξίππῳ,
Εὐμόλπου τε βίῃ Κελεῷ θ' ἡγήτορι λαῶν, 475
δρησμοσύνην θ' ἱερῶν καὶ ἐπέφραδεν ὄργια πᾶσι,
Τριπτολέμῳ τε Πολυξείνῳ τ', ἐπὶ τοῖς δὲ Διοκλεῖ,
σεμνά, τά τ' οὔ πως ἔστι παρεξ[ίμ]εν [οὔτε πυθέσθαι,]
οὔτ' ἀχέειν· μέγα γάρ τι θεῶν σέβας ἰσχάνει αὐδήν.
ὄλβιος ὃς τάδ' ὄπωπεν ἐπιχθονίων ἀνθρώπων· 480
ὃς δ' ἀτελὴς ἱερῶν, ὅς τ' ἄμμορος, οὔ ποθ' ὁμοίων
αἶσαν ἔχει φθίμενός περ ὑπὸ ζόφῳ εὐρώεντι.
Αὐτὰρ ἐπεὶ δὴ πάνθ' ὑπεθήκατο δῖα θεάων,
βάν ῥ' ἴμεν Οὔλυμπον δὲ θεῶν μεθ' ὁμήγυριν ἄλλων.
ἔνθα δὲ ναιετάουσι παραὶ Διὶ τερπικεραύνῳ 485

462 et seqq. suppl. *m*   464 ερόεντα (ss. ϊ) M (et olim ζόφον ss. ω?) cf. 482   465 expl. Ruhnken : post h.v. versus 449-453 repetivit M expunxit *m*   466 expl. Goodwin : δύο δὲ πὰρ σοὶ ἔσ *m*   467 suppl. *m*   468 suppl. *m*   469 suppl. *m*   470 suppl. *m*   474-6 cit. Paus. ii. 14. 3   474 δ˘ M : δεῖξεν Paus. : εἶπε *m*   476 χρησμοσύνην M : δρησμοσύνην Paus. ὄργια καλὰ M : πᾶσι Paus.   478 παρεξ ́.˘. (ss. εν) M : παρεξίμεν Matthiae : παρεξέμεν Ruhnken   οὔτε olim M ut vid.   πυθέσθαι add. *m*   479 σ...σ M ut vid. : σέβας Cobet : ἄχος *m* : ἄγος Valckenaer   484 θέων M corr. Ruhnken

σεμναί τ' αἰδοῖαί τε· μέγ' ὄλβιος ὅν τιν' ἐκεῖναι
προφρονέως φίλωνται ἐπιχθονίων ἀνθρώπων·
αἶψα δέ οἱ πέμπουσιν ἐφέστιον ἐς μέγα δῶμα
Πλοῦτον, ὃς ἀνθρώποις ἄφενος θνητοῖσι δίδωσιν.
Ἀλλ' ἄγ' Ἐλευσῖνος θυοέσσης δῆμον ἔχουσαι   490
καὶ Πάρον ἀμφιρύτην Ἄντρωνά τε πετρήεντα,
πότνια ἀγλαόδωρ' ὡρηφόρε Δηοῖ ἄνασσα
αὐτὴ καὶ κούρη περικαλλὴς Περσεφόνεια
πρόφρονες ἀντ' ᾠδῆς βίοτον θυμήρε' ὀπάζειν.
αὐτὰρ ἐγὼ καὶ σεῖο καὶ ἄλλης μνήσομ' ἀοιδῆς.   495

488 μέγαν δόμον M corr. Ruhnken   490 ἀλλὰ θελευσῖνος M corr.
Ruhnken   494 ὀπαζε M corr. Voss

Commentary

The text used is that of T.W. Allen (Oxford 1912).
Abbreviations:
C   P. Chantraine, *Grammaire homérique* (Paris 1942–53)
S   H.W. Smyth, *Greek Grammar*, revised by G. Messing (Cambridge, Mass., 1956)
GP   J.D. Denniston, *Greek Particles* (Oxford 1954, second edition)
AS   T.W. Allen and E.E. Sikes, *The Homeric Hymns* (London, 1904)
AHS   T.W.Allen, W.R. Halliday and E.E. Sikes, *The Homeric Hymns* (Oxford, 1936)
R   N.J. Richardson, *The Homeric Hymn to Demeter* (Oxford, 1974)
<   "is from."

1   Δήμητρ' = Δήμητρα. The α is elided before the vowel in the succeeding word. Diphthongs may also be elided, as in ἄρχομ' (=ἄρχομαι) at the end of this line.
    ἠΰκομον: "fair-haired"; = Attic εὔκομον. The diacritical mark over υ shows that the vowel is pronounced separately (diaeresis).
    σεμνὴν θεάν: σεμνός ("august, solemn") is especially associated with Demeter and Persephone (see *Dem.* 478, 486, and *H.* 13.1). θεάν is scanned as one syllable (synizesis).
2   ἠδέ = καί.
    τανύσφυρον: "with long tapering ankles or feet."
    Ἀϊδωνεύς: lengthened form of Ἅιδης ("Hades").
3   δῶκεν = ἔδωκεν. The augment is frequently omitted in epic.
    εὐρύοπα: nominative. The form is in origin an accusative of *εὐρύωψ, and is used as nominative, vocative, or accusative as an epithet of Zeus. It means either "far-seeing" or (more probably) "far-shouting, far-sounding."
4   νόσφιν = νόσφι. The ν is added when metrically convenient.
    χρυσαόρου: "of the golden sword"—a mysterious epithet, for Demeter is not generally depicted with a sword in art or literature.

1

5 κούρῃσιν: Ionic κούρη for Attic κόρη; -ῃσιν for Attic -αις, -αισι(ν).
6-8 ῥόδα, κρόκον, ἴα (<ἴον, "violet"), ἀγαλλίδας ("irises"), etc.: the flower names are in apposition to ἄνθεα.
αἰνυμένην: <αἴνυμαι ("grasp, take hold of").
ἠδ(έ).
7 ἄμ=ἀνά, before words beginning with β, π, φ, μ. Also in 17 below: ἂμ πεδίον.
8 θ'=τε. The word is elided before the following vowel, and the resulting τ' is aspirated before the succeeding aspirate (assimilation).
φῦσε=ἔφυσε, first aorist of φύω. It is transitive.
δόλον: "as a lure."
καλυκώπιδι: <καλυκῶπις ("like a budding flower, blushing").
κούρῃ: Persephone is the archetypical Maiden. Κόρη/Κούρη is her title in cult.
9 πολυδέκτῃ: dative after χαριζομένη. πολυδέκτης ("the host of many") is a euphemism for Hades. Cf. πολυδέγμων in 17.
10 θαυμαστὸν γανόωντα: i.e., the narcissus. θαυμαστόν is adverbial. γανόωντα is an uncontracted present participle of γανάω: "to shine, gleam." For the assimilation of the uncontracted vowels (οω instead of αω) see S 642-646.
12 τοῦ ἀπὸ ῥίζης: "from its root." The article was originally a demonstrative pronoun and is usually so used in epic. Thus, τοῦ="of this, of it."
καί: explanatory; untranslated.
κάρα: nominative plural of κάρα, "head." A very rare form.
ἐξεπεφύκει: <ἐκφύω ("generate"), pluperfect; intransitive, "had sprung forth."
13 κὦζ': crasis for καὶ ὦζε (<ὄζω, "smell").
ἥδιστ(α): adverbial.
ὀδμή: epic for ὀσμή ("smell").
15 ἡ δ': i.e., Persephone; ἡ is demonstrative. In epic the nominative of the demonstrative + δέ (like *ille* in Latin) is often used to indicate a change of subject (S 1101).
ὠρέξατο: aorist middle of ὀρέγω ("reach, stretch").
ἅμ'=ἅμα.
ἄμφω: indeclinable; modifies χερσίν.
16 χάνε: aorist of χάσκω, "gape, open wide."

Hymn to Demeter 3

17 Νύσιον ἂμ πεδίον: Persephone's abduction was attributed to several places, including Sicily (the chief location in later Greek and Roman versions), Crete, Eleusis, the regions near Ocean (i.e., the ends of the earth). Νύσιον, though specific, is unhelpful, for there were several places called Nysa.

τῇ: relative, "by which way." R calls it "odd."

ὄρουσεν: unaugmented aorist of ὀρούω ("dart, spring").

18 ἀθανάτοισι: dative plural; -οισι=Attic -οις. See on 5.
20 ὄρθια: neuter plural, used adverbially, "aloud."
21 κεκλομένη: aorist participle of κέλομαι, "call to."
23 φωνῆς: genitive after ἤκουσεν, as generally with verbs of hearing.

ἐλαῖαι: representatives of the world of nature. Perhaps the word should be capitalized as R suggests.

24 Περσαίου: "of Perses."

ἀταλὰ φρονέουσα: "The meaning appears to be something like 'with youthful spirit' ... " R. Hecate was important in the cult of Demeter and Persephone, and is shown on vase paintings at important points in the myth (the *Anodos*, "ascent," of Persephone; the Rape; the sending out of Triptolemos).

25 λιπαροκρήδεμνος: "with bright head-band or veil."

ἄντρου: perhaps because she is a goddess with chthonic associations (R), or because she is a moon-goddess (AHS).

26 Ἥλιος: epic for Ἥλιος.

τε ἄναξ: τε is not elided because of the digamma: (F)ἄναξ.

Ὑπερίονος: In Homer, Helios and Hyperion are identical, but in Hesiod (*Theogony* 374) Hyperion is the father of Helios.

27 ὁ δέ: "but he (Zeus)"; ὁ is demonstrative. See on 15.
28 ἧστο: imperfect of ἧμαι ("sit").

ἀπάνευθε: "far away from" (plus genitive).

πολυλλίστῳ: "much entreated."

ἐνί=ἔν.

νηῷ: <νηός, Ionic for ναός, "temple."

29 δέγμενος: present participle of *δέγμαι, an alternative form of δέχομαι.

30 ἀεκαζομένην: "unwilling."

ἐννεσίῃσι: <ἐννεσία (epic for ἐνεσία), "suggestion."

31 πολυσημάντωρ: "giving commands to many."

32 The structure of 18-32 is characterized by ring composition:
   a. ἵπποις ἀθανάτοισι, etc. (18).
   b. ἀέκουσαν ... /ἦγ' (19-20).
   c. κεκλομένη πατέρα Κρονίδην (21).
      No one heard her except Hecate and Helios (22-26).
   c'. κεκλομένης πατέρα Κρονίδην (27).
   b'. ἀεκαζομένην ἦγεν (30).
   a'. ἵπποις ἀθανάτοισι etc. (32).
33 ὄφρα ... τόφρα(37): correlative. Translate: "as long as ... so long."
34 λεῦσσε: unaugmented imperfect.
   ἀγάρροον: "swift-flowing."
36 ὄψεσθαι: <ὁράω.
37 οἱ: dative singular of the personal pronoun (S 325), "for her." We would expect ἀχνυμένης also to be dative.
   τόφρα is not elided because of digamma: (ϝ)οι. Cf. 52, 53.
   περ: concessive, "although," a very frequent meaning with participles.
   There is a break in sense between 37 and 38. Moreover, 38-39 seem to contradict 20-27, where we are told that except for Hecate and Helios not gods, mortals or the powers of nature heard Persephone's cry. Now the mountains and seas resound and Demeter hears. Either we are meant to understand that Persephone went on screaming after 20 and was finally heard, or else a passage has fallen out in which she cried out again—this time with effect. "The sense of the lost passage ... is, 'but when she saw the earth opening to swallow her, then she despaired and shrieked loudly'" (AS). Did she call upon her mother here, as in 20-27 she called on her father, Zeus?
   There is also some external evidence of a lacuna. This hymn is preserved in a single fragmentary medieval manuscript, M. Most of the suspected lacunae (37, 137, 211, 236) in the hymn occur at the bottom of a page or column in M, which suggests that the lost exemplar of M was also deficient. There is a facsimile of M in F. Bücheler, *Hymnus Cereris Homericus* (Leipzig, 1869).
38 ἤχησαν: aorist of ἠχέω ("sound, ring").
   ὀρέων: uncontracted genitive plural of ὄρος, "mountain." Distinguish from ὅρος, "boundary."
   βένθεα: also uncontracted.
39 τῆς: demonstrative; genitive after ἔκλυε.

40 κραδίην: epic for καρδίαν; accusative of respect (S 1600), "in her heart." The construction is frequently used with parts of the body.
ἔλλαβεν: epic for ἔλαβεν.
41 κρήδεμνα: "veil." "The plural is probably for metrical convenience" (R).
φίλῃσι: φίλος in epic often means "one's own" rather than "dear," especially with the parts of the body. Translate: "with her hands."
42 βάλετ᾽ = ἐβάλετο.
43 ὥς τ(ε) = ὥστε, "like."
τραφερήν: "the nourishing (land)."
ὑγρήν: "the wet (sea)."
47 ἐννῆμαρ: "for nine days."
Δηώ: Probably a diminutive or pet name for Δημήτηρ.
48 δαΐδας: < δαΐς, "torch." Torches were important in the Eleusinian rites.
49 ἡδυπότοιο = ἡδυπότου. -οιο is the original genitive singular of the second declension.
50 πάσσατ᾽: epic aorist of πατέομαι, "eat, partake of"; often with partitive genitive.
ἀκηχεμένη: "grieving," epic perfect middle participle of ἀχέω.
βάλλετο: "βάλλειν is used of 'dashing' someone with water, blood, etc." (R). The middle is used because one washes oneself.
λουτροῖς: here means "water for washing."
51 φαινολίς: "light-bringing." Ruhnken's correction for φαινόλη of the manuscript.
52 χείρεσσιν = χερσί (cf. 48).
53 ἀγγελέουσα: uncontracted future participle (= Attic ἀγγελοῦσα), where we would expect a present participle. "Usage admits both future and present" (AHS). The final α is not elided because of digamma: (ϝ)έπος.
54 Δημήτηρ: nominative for vocative.
ὡρηφόρε ἀγλαόδωρε: "bringing the fruits in their seasons, bestower of splendid gifts." The hiatus results from the declension of the combination Δημήτηρ ὡρηφόρος ἀγλαόδωρος (192). This adaptation of the formula is probably also responsible for the form Δημήτηρ.
55 θεῶν: Scan - by synizesis. See on 1.
ἠέ = ἤ, "or."

56 ἤκαχε: "distressed, grieved"; aorist of ἀχέω. See on 50.
   φίλον: "own," intensifies σόν and probably should not be translated.
57 ἤκουσ'=ἤκουσα.
   ἴδον=εἶδον. Unaugmented.
58 ὅς τις=ὅστις; indirect interrogative pronoun.
   ἔην=ἦν.
   ὦκα: "swiftly."
61 ἤϊξ'=ἤϊξε. Aorist of ἀΐσσω ("dart, rush").
63 στάν=ἔστησαν.
   εἴρετο: imperfect of ἔρομαι, "ask."
   θεάων=θεῶν.
64 αἴδεσσαι: second person singular aorist imperative of αἰδέομαι.
   θεὰν σύ περ: σύ περ is a conjecture. περ is intensive, not concessive. R prints Peerlkamp's θεὰν θεός.
   σευ=σου.
65 ἔπει: dative singular of ἔπος, "word."
   ἴηνα: aorist of ἰαίνω, "warm, cheer."
66 κούρην: accusative after ἴδον in 68. The construction is paratactic. Translate: "The maiden whom I bore ... I heard her voice ... but I did not see her with my eyes."
   εἴδεϊ (<εἶδος) κυδρήν: "glorious in form." The initial digamma of εἶδος (ϝεῖδος) is neglected, as is shown by the scansion of θάλος: ⏑ ⏑.
67 ἀδινήν: "loud, vehement."
   ἄκουσα: unaugmented aorist.
   ὄπ'=ὄπα, accusative singular of ὄψ, "voice."
   ἀτρυγέτοιο: "unfruitful, barren."
68 ὥς τε: See on 43.
69 γὰρ δή: "since, obviously ... "
70 καταδέρκεαι: second person singular of καταδέρκομαι, "look down, over." It is an uncontracted form (S 465aD).
71 ἔνισπε: imperative, "tell." Either aorist of ἐνέπω (LSJ) or present of *ἐνίσπω (C I.467).
71– "Tell me of my child, if you have seen who, taking (her)
73 against her will ... "
   ὅς τις ... ἀνθρώπων: indirect question.
   ὄπωπας: second perfect of ὁράω.
73 ἠέ ... ἢ καί: "one would expect ἠέ ... ἠέ. ἢ καί perhaps suggests that the second possibility is more remote ... " (R) Translate: "or even."

75 θυγάτηρ: nominative for vocative.
76 εἰδήσεις: epic future of οἶδα.
μέγα ἄζομαι: μέγα is adverbial. The hiatus is unaccounted for, though Hesiod, *Theogony* 532 (ταῦτ' ἄρα ἀζόμενος) provides a parallel.
77 ἀχνυμένην: present participle of ἄχνυμαι (middle of ἀχέω), "troubled." It modifies the "you" understood as the object of both verbs.
78 νεφεληγερέτα: "cloud gathering." Nominative, probably formed from an original vocative.
81 ἄγεν: unaugmented imperfect of ἄγω.
μεγάλα ἰάχουσαν: Persephone, the understood object of both participle and verb. Note scansion: μεγάλα. The vowel (α) has been lengthened before an original digamma. (R and C I.139f.)
83 μὰψ αὔτως: "in vain, thus."
ἄπλητον: perhaps = ἄπλετος ("boundless") rather than ἄπλατος ("unapproachable").
τοι = σοι. Contrast τοί in 88.
85 αὐτοκασίγνητος καὶ ὁμόσπορος: "(your) own brother and the same seed (as yours)." Zeus, Hades, and Demeter were all children of Kronos and Rhea.
ἀμφὶ δὲ τιμήν: "and as for honor" (R).
86 ἔλλαχε: epic for ἔλαχε (aorist of λαγχάνω). "And as for honor, he got his share."
ὡς: temporal.
τὰ πρῶτα: adverbial.
διάτριχα: adverb: "three-fold, into three portions." Helios is referring to the allotment of powers and territory among Zeus, Hades, and Poseidon (*Iliad* 15.189–191): they rule over sky, underworld, and sea, and the earth is common ground.
ἐτύχθη: < τεύχω ("make, construct, forge").
87 τοῖς: demonstrative.
τῶν: relative; "of whom he was allotted to be the ruler."
88 ἐκέκλετο: See on 21. Here the verb governs a dative.
τοί = οἵ. It is probably demonstrative.
ὁμοκλῆς: "encouragement, shouting."
89 τανύπτεροι: "long-winged," with οἰωνοί.
90 κύντερον: comparative adjective formed from κύων, "more dog-like," i.e., "more reckless, more shameful."
θυμόν: accusative of respect.

91 χωσαμένη: aorist participle of χώομαι ("be angry with," + dative).
δ' ἤπειτα: ἤπειτα = ἔπειτα.
92 μακρόν: "tall."
93 πόλιας = πόλεις (S 268D).
ἔργα: (worked) "fields."
94 ἀμαλδύνουσα: "'wasting,' so as to disguise" (AHS).
95 εἰσορόων: uncontracted (for εἰσορῶν). See on 10.
τε: where we would say "or"; cf. καί in 49.
96 πρίν γ' ὅτε δή: "until the moment when."
Κελοῖο: Celeus and his wife and daughters were well established in the cult at Eleusis.
δαΐφρονος: "skillful, prudent, thoughtful."
97 Ἐλευσῖνος: genitive of Ἐλευσίς.
θυοέσσης: "laden with incense, fragrant."
ἦεν: See on 58.
98 τετιημένη: "sorrowing." ἦτορ is accusative of respect ("at heart").
99 φρέατι: (<φρέαρ, "well") scanned ⌣ ⌣ –: ι of the dative is lengthened in arsis (the first syllable of the dactyl). Note accompanying hiatus. (For both lengthening and hiatus cf. παλαιγενέϊ ἐναλίγκιος in 101.) Local dative.
101 γρηΐ: epic dative of γραῦς ("old woman"); S 275D2.
παλαιγενέϊ: "born long ago, aged."
ἥ τε: τε is frequently added to the relative pronoun in epic to strengthen the connection with the preceding clause (S 2970). It is often untranslatable, but here seems to be generalizing or characteristic: "the sort of woman who . . . " See οἷαί τε in 103.
102 εἴργηται: epic present passive subjunctive of ἔργω ("deprive of, exclude from"). A present general conditional relative clause. The absence of ἄν is regular in epic. (S 2567b)
103 Θεμιστοπόλων: "ministering law and right."
βασιλήων = βασιλέων.
104 ἠχήεντα: "sounding, echoing, noisy."
105 Ἐλευσινίδαο: "son of Eleusinos," eponymous hero of Eleusis.
106 μεθ': "after, for."
εὔηρυτον: "easy to draw," found only here in extant Greek.
107 φίλα: Omit in translating. See on 56.
108 κουρήϊον: "youthful."

109 ἐρόεσσα: "lovely."
111 ἔγνων=ἔγνωσαν.
    ὁρᾶσθαι: "The Mid. is used by Poets like the Act." (LSJ).
112 προσηύδων: third person plural, imperfect of προσαυδάω ("address, accost").
113 τίς πόθεν ἐσσί: two questions at once. "Who are you, and where are you from?" ἐσσί=εἶ (S 770).
    γρηΰ: epic vocative of γραῦς.
114 τίπτε=τί ("why?").
115 πιλνᾶς: "draw near, approach," + dative. Usually πιλνάω is transitive.
116 γεγάασιν: third person plural, second perfect of γίγνομαι.
117 φίλωνται: anticipatory subjunctive (κε=ἄν). Translate: "will welcome" (S 1810).
118 ὣς ἔφαθ': "contrast the plural in Dem. 112. The slip may be due to the poet himself, under the influence of the commoner formula (ὣς ἔφαν in Homer occurs only at Od. 10.422)" R.
118 ἐπέεσσιν: -εσσι(ν) is epic for -σι (dative plural ending, third declension). (S 250D.2).
120 τοι: an affirmative particle ("truly, surely, indeed"); originally the dative of feeling of σύ.
121 εἰρομένῃσιν: See on 63.
122 Δώς: AH and R read Δωσώ to mend the meter.
123 Κρήτηθεν: "from Crete," either because of a possible Minoan influence on the rites at Eleusis or (more likely) because the poet is influenced by the Cretan locale of Odysseus' false tales. R notes that Demeter, like Odysseus, had introduced her tale "with a profession of veracity."
124 ἤλυθον=ἦλθον.
126 Θορικὸν δὲ κατέσχεθον=Θορικόνδε κατέσχον, "they landed at Thorikos" or "(going) toward Thorikos, they landed." Thorikos is on the north-east coast of Attica. Archeological remains, including a cult-building dated to the fifth century B.C., suggest that Thorikos may have been the site of mystery rites, like those at Eleusis. But R reminds us that Demeter is not telling the truth.
127 ἐπέβησαν: "set foot on," + genitive.
    ἀολλέες: uncontracted for ἀολλεῖς ("all together").
    ἠδὲ καὶ αὐτοί: "and also (the men) themselves."
128 ἐπηρτύνοντο: <ἐπαρτύνω ("prepare").

129 ἤρατο: imperfect of ἔραμαι ("long for, desire," + genitive).
131 ὑπερφιάλους σημάντορας: "my arrogant overlords" (R). (Cf. πολυσημάντωρ in 31.)
132 περάσαντες: aorist participle of περάω ("sell as a slave").
   ἀποναίατο: third person plural, aorist optative of ἀπονίναμαι ("enjoy," + genitive).
   τιμῆς: "purchase price."
133 ἀλαλημένη: perfect participle of ἀλάομαι ("wander").
   τι: adverbial, "at all."
134 δή: "emphasizes Demeter's pretended uncertainty ('just where I am')" (R).
   ἐγγεγάασιν: second perfect of ἐγγίγνομαι. See on 116.
135 πάντες Ὀλύμπια δώματ' ἔχοντες: an expansion of the Homeric formula Ὀλύμπια δώματ' ἔχοντες (13× in Homer). The Demeter poet has a tendency to expand Homeric expressions.
136 τεκέσθαι: aorist middle infinitive of τίκτω ("bring forth"). Epexegetic infinitive with τέκνα, "children to bear."
137 τοκῆες: "parents." Scan ⌣ – by synizesis. R prints τοκῆς.
   κοῦραι: vocative.
   There is a lacuna after 137, the sense of which would be "tell me so that I might know." See the *apparatus criticus* in the OCT and above on 37.
138 φίλα τέκνα: vocative.
   τέων: Ionic for τίνων ("whose?").
   ἴκωμαι: deliberative subjunctive.
139 ἀνέρος: poetic for ἀνδρός (S 262D).
140 ἀφήλικος: genitive of ἀφῆλιξ ("aged").
   τέτυκται: perfect passive of τεύχω, essentially = ἐστί or γίγνεται.
144 διαθρήσαιμι: Bothe's conjecture: "I would oversee."
146 εἶδος ἀρίστη: "best-looking" (εἶδος is accusative of respect).
147 Μαῖα: "good mother," a form of address to old women.
148 τέτλαμεν: epic perfect of τλάω ("endure").
149 τοι: See on 83.
   ὑποθήσομαι: future middle of ὑποτίθημι ("teach, communicate").
   ὀνομήνω: aorist subjunctive of ὀνομαίνω. ("call by name, name"). Aorist subjunctive with future meaning following the future indicative in a pair of coordinate verbs is not uncommon in epic. See on 117.

150 κράτος... τιμῆς: "power consisting in authority" (R).
151 προύχουσιν=προέχουσιν ("they are preeminent"), + genitive.
ἰδέ: epic conjunction ("and").
152 εἰρύαται: epic perfect, third person plural of εἰρύομαι (=ἐρύομαι), "protect."
153– "The genitives are awkward, and have given rise to various
156 conjectures, but presumably they look forward to 156. Such an anticipation over several lines is not Homeric" (R).
153 Τριπτολέμου: There is no trace in the hymn of the (later) importance of Triptolemos as the Athenian culture hero.
πυκιμηδέος: =πυκιμηδοῦς, uncontracted genitive of πυκιμηδής, "of close counsel, shrewd."
156 κατὰ δώματα πορσαίνουσι: "manage (all things) in the house" (LSJ II.3).
157 τάων=τῶν ("of these").
τίς: indefinite. Accented because of enclitic σε.
κατὰ πρώτιστον ὀπωπήν: "at first sight." πρώτιστος is declined like a two-termination adjective (πρωτίστην would not scan).
158 εἶδος ἀτιμήσασα: "despising your looks."
160 ἐπίμεινον: second person singular, aorist imperative of ἐπιμένω ("stay, tarry").
162 αἴ (=εἰ) κε: here expresses motive or purpose ("on the chance that, if perhaps"). S 2354.
163 ἡμέτερον δ(ε δῶμα): "to our house." For δέ see on 126.
164 τηλύγετος: The original sense of the word is not certain. In Homer it refers to a child who is special in some way (last born, only child, or born to aged parents). Translate: "darling child."
οἱ: "for her," i.e., Metaneira.
165 πολυεύχετος: "much-desired." Found only here.
166 ἐκθρέψαιο: second person singular, aorist optative middle of ἐκτρέφω.
168 ζηλώσαι: third person singular, aorist optative active of ζηλόω ("envy").
ἀπό... δοίη=ἀποδοίη. In epic, prepositions and adverbs are still in the process of being joined to verbs to form compounds. They are often attached to their verbs, but often not, as here. (S 1650, C II.82–83.) The subject of δοίη is probably Metaneira, as in the parallel passage at 223.

169 ἡ δ': i.e., Demeter. See on 15.
κάρηατι: "with her head," dative of *κάρηαρ. Epic uses κάρα only in the nominative and accusative.
ταί=αἱ (demonstrative). Another change of subject (ταὶ δέ).
169f. φαεινά ... / ... ἄγγεα: unusual distance between adjective and noun.
170 πλησάμεναι: aorist participle of πίμπλημι ("fill").
κυδιάουσαι: uncontracted present participle of κυδιάω ("walk proudly"). The uncontracted vowels are not assimilated (contrast γανόωντα in 10 and εἰσορόων in 95; and see C I.78f.).
172 ὥς: "even as" (AHS).
μάλ' ὦκα: probably with ἐλθούσας, not ἐκέλευε, "she told them to go quickly and invite (her)."
174 "It is possible that the scene of the girls running down the road, and leading Demeter to Eleusis, may reflect part of the ceremonies at Eleusis, i.e. a procession or ritual dance, led by the priestesses, of whom the daughters of Celeus may be the prototypes ... " (R p. 201).
ἤαρος=ἔαρος ("of spring").
The simile echoes the famous Homeric comparison of the eager warrior to a spirited horse (*Iliad* 6.506–511=15.263–268).
πόρτιες: "young heifers."
175 ἄλλοντ(αι): <ἄλλομαι ("leap, spring").
ἄν: apocope for ἀνά. See on 7.
κορεσσάμεναι: aorist middle participle of κορέννυμι ("satisfy").
176 ἐπισχόμεναι: "holding up."
ἑανῶν: "garments, robes."
177 ἤϊξαν: Ionic for ᾖξαν (aorist of ἀίσσω, "rush, dart").
178 κροκηΐῳ: "saffron-colored"; found only here.
179 κυδρήν: "glorious."
180 κάλλιπον: epic for κατέλιπον.
181 ἡγεῦνθ'=ἡγεῦντο (Ionic imperfect of ἡγέομαι), "they led."
τετιημένη ἦτορ: See on 98.
182 κατὰ κρῆθεν: "from head to foot." The expression, which appears in both Homer and Hesiod, "probably arose from false division of κατ' ἄκρηθεν=κατ' ἄκρης" (M.L. West, Hesiod, *Theogony*, on l.574). In fact, M reads κατ' ἄκρηθεν, which perhaps should be kept.
183 ἐλελίζετο: "quivered." Imperfect middle of ἐλελίζω.
ποσσί: epic for ποσί ("around her slender feet").

Hymn to Demeter 13

184 διοτρεφέος: uncontracted genitive singular of διοτρεφής. See on 153.
185 βάν = ἔβησαν.
αἰθούσης: "colonnade."
186 πύκα: "strongly."
187 ὑπὸ κόλπῳ: "at (under) her bosom." But ὑπό and ἐπί are "often confused in manuscripts" (R) and perhaps we should read ἐπὶ κόλπῳ: "at her bosom" (as at *Il.* 6.400: παῖδ' ἐπὶ κόλπῳ ἔχουσ').
188– An anticipation of Demeter's epiphany in 275–80. See also
189 the epiphany of Aphrodite in *H.Aphr.* 173–74.
189 κῦρε: imperfect of κύρω ("meet with, strike," + genitive).
κάρη: either subject of κῦρε or accusative of respect. If it is accusative, Demeter is the subject of all three verbs (ἔβη, κῦρε, πλῆσεν), but a change of subject is not improbable.
πλῆσεν: aorist of πίμπλημι, "fill x (accusative) with y (genitive)."
190 τὴν δέ: Metaneira.
191 εἶξε: < εἴκω ("yield, withdraw from," + genitive). Metaneira offers Demeter her chair.
ἑδριάασθαι: "to sit."
192– "This scene forms the model for several elements of Eleu-
211 sinian ritual:
1. Preliminary purification: 194–201.
2. Fasting and abstention from wine: 200f., 206–208.
3. Aischrologia [jesting]: 202–205.
4. Cyceon [a mixture of meal and water]: 208–211" (R).
194 ἀκέουσα: "silent."
κατ'... βαλοῦσα = καταβαλοῦσα. See on 168.
195 εἰδυῖα: feminine participle of οἶδα.
κέδν' εἰδυῖα: "solicitous, devoted," an epithet used in Homer and the *Hymns* of wives, mothers, and devoted female servants.
196 ἐπ'... βάλε = ἐπέβαλε. See on 168.
ἀργύφεον... κῶας: "silver-white fleece."
197 προκατέσχετο: aorist middle of προκατέχω. Translate: "she held down before her."
199 προσπτύσσετο: imperfect middle of προσπτύσσω ("greet").
200 The assonance and rhythm of this line are extraordinary (see H.N. Porter, "The Early Greek Hexameter," *YCS* 12 (1951) 39–40).
ἄπαστος: "without tasting," + genitive.

ἐδητύος: <ἐδητύς ("food").
ποτῆτος: <ποτής ("drink").
202 Note similarity to 195.
      χλεύης: "with jests" (-ης for -αις). Like most ritual jesting, Iambe's comments were probably indecent.
      μιν: Ionic accusative singular of the third person pronoun for all genders. Here it is equivalent to αὐτήν and anticipates πότνιαν ἁγνήν.
203 πολλὰ παρασκώπτουσ': πολλά is inner accusative (S 1554a): "making many jests." R suggests that παρά should go with ἐτρέψατο rather than σκώπτουσ'. If so, we should translate: "diverted, changed her mind."
204 "The line is progressive: first Demeter smiles, then she laughs; and finally she is in a propitious mood" (R).
205 εὔαδεν=ἕαδε, epic second aorist of ἁνδάνω, "please," + double dative. Translate: "pleased her in (her) spirit." The plural ὀργαῖς is odd.
207 ἀνένευσ': The Greeks nodded up in refusal, down (κατανεύω) in acceptance; they still do.
208 ἄλφι: "barley, barley-meal."
209 μίξασαν: aorist participle of μίγνυμι ("mix").
      πιέμεν: epic aorist infinitive of πίνω (-μεν=-εν). S 469D.
      γλήχωνι: Ionic for βλήχωνι ("pennyroyal").
210 κυκεῶ: epic accusative of κυκεών ("mixture, potion"). In Homer a drink of barley-meal and wine, here of barley-meal and water. Note scansion: κυκεῶ.
211 ὁσίης ἕνεκεν: "for the sake of the rite" (R). "Demeter, in founding the rite, is also acting as the prototype of the initiates" (R). The same holds for 207 above (οὐ θεμιτόν . . .).
      There is a lacuna after 211, but probably only one or two lines have been lost, in which Demeter drinks the *cyceon*. See Allen's suggestions in the *apparatus* of the OCT.
213 ἔολπα: perfect of ἔλπω. Translate: "I expect."
214 ἔμμεναι=εἶναι (S 768D).
      αἰδώς: "dignity." In Homer it is a "sense of shame, modesty, self-respect."
215 ὡς . . . τε=ὥστε, "as."
216–217 Compare 147–148.
218 ἴκεο: second person singular present of ἱκέομαι, uncontracted (<ἵκεσο becomes ἵκεο which becomes ἵκου S 465b).

Hymn to Demeter

παρέσσεται: future of πάρειμι.
ὄσσα=ὅσα. Translate: "As much as I have will be available to you (i.e., at your service)."

219–223 Compare 165–168.

219 τόν: relative.
220 ὤπασαν: <ὀπάζω, "bestow."
πολυάρητος: "much desired" (cf. πολυεύχετος at 165).
221 θρέψαιο: <τρέφω.
222 ἦ ῥά: "surely."
226 πρόφρων: "zealous, willing." "This is used especially of a favourable deity" (R). Also at 140 and 494. (Cf. προφρονέως at 138 and 487).
227 θρέψω: The lack of a connective (asyndeton) is emphatic.
κοὔ: crasis for καὶ οὐ.
ἔολπα: parenthetical.
228 ἐπηλυσίη: "attack," used of sickness or fever, induced by magic or a *daimon*.
δηλήσεται: future of δηλέομαι ("hurt, destroy").
ὑποτάμνον: R accents ὑποταμνόν, following M. The word occurs nowhere else, and its meaning is uncertain. R refers it to the practice of cutting roots for magical purposes and suggests that it means "undercutting" or "undercutter."
229 ὑλοτόμοιο: "woodcutter," but here probably "one who cuts (herbs) in the woods (for magical purposes)"; genitive of comparison.
230 ἐρυσμόν: "safeguard, defense." ἐπηλυσίης is objective genitive.
232 ἀθανάτοισι: ἀθάνατος in epic usually has three terminations. R reads ἀθανάτῃσι (see χείρεσσ' ἀθανάτῃσιν in 253).
γεγήθει: unaugmented pluperfect of γηθέω ("rejoice").
234 Δημοφόωνθ': This is the first mention of the child by name. "His name, like that of his sister Demo, suggests comparison with Demeter" (R).
235 ἀέξετο: "he grew"; unaugmented imperfect middle of ἀέξω.
236 θησάμενος: aorist middle participle of *θάω ("suck").
<γάλα μητρός>: Angle brackets are used to enclose what the editor thinks originally stood in the text. A line is lost after 236, which probably contained at least Demeter as subject and the idea "by day, in the daytime" (see νύκτας at 239).

Δημήτηρ: given by M as the last word of 236. It may well have been the last word of the *missing* verse.

237 χρίεσκ': Ionic iterative imperfect of χρίω, "used to anoint." The frequentative suffix -σκ can be used with either aorist or imperfect (S 495).

ἐκγεγαῶτα: perfect participle, accusative of ἐκγίγνομαι ("to be born of, to be sprung from"), + genitive.

238 καταπνείουσα: The breath of a god imparts divine qualities—in Homer strength and courage, elsewhere "inspiration" (oracular or artistic) or great beauty. Here it is part of Demeter's means of making Demophon immortal.

239 νύκτας: "by night(s)." The fire is to destroy the mortal parts of Demophon. The combination of ambrosia by day and fire by night is also found in the story of Thetis' attempt to make the infant Achilles immortal in Apollonius Rhodius (4.869ff.), who is perhaps imitating the hymn.

δαλόν: "firebrand."

240 λάθρα=λάθρῃ ("without the knowledge of," + genitive).

ἐτέτυκτο: pluperfect passive of τεύχω. See on 140.

241 προθαλής: "early growing." Found only here.

τελέθεσκε: Ionic imperfect of τελέθω ("come into being, be"). See on 237.

ἄντα: "face to face."

ἐῴκει: third person singular, pluperfect of εἴκω ("be like").

242 ἀγήρων: accusative singular of ἀγήρω ("ageless, not growing old"). The gods are immortal and ageless (*Od.* 5.218; Hesiod, *Theog.* 277, 305), and they sometimes attempt to confer these qualities on mortals (e.g., Calypso and Odysseus, *Od.* 5.136).

244 νύκτ' (=νύκτα): probably accusative of extent of time with ἐπιτηρήσασα ("watching, looking out for"). Translate: "watching all night long." Metaneira "watched to see how the nurse made the child thrive, and thus broke the taboo" (AS).

245 ἄμφω ... μηρώ: dual accusative.

246 ᾧ: third person possessive ("her").

ἀάσθη: aorist passive of ἀάω, "mislead, infatuate, make reckless" (cognate with ἄτη). Translate: "she acted foolishly, was infatuated." Note scansion: – – –.

250 τῆς: genitive after ἄϊε.

252 ἔτικτε: The subject is Metaneira.

Hymn to Demeter 17

253 ἕο: genitive singular of the third person reflexive pronoun. Translate: "from herself."
πέδον δέ=πέδονδε: "to the ground." See on 126.

254 ἐξανελοῦσα: aorist participle of ἐξαναιρέω ("take out of," + genitive). In Apollodorus (I.5.1) the child is destroyed in the fire.
κοτέσασα: aorist participle of κοτέω ("be angry").

255 ἄμυδις: "together, at the same time."

257 προγνώμεναι: epic aorist infinitive of προγιγνώσκω. It complements ἀφράδμονες (S 2001). Translate: "without the sense to know in advance."

258 τεῆς: τεός is epic for σός; -ης for -αις.
μήκιστον: superlative with ἀάσθης (cf. ἀάσθη μέγα in 246). AS and R print Voss's νήκεστον ("incurably, irretrievably").

259 ἴστω: third person singular imperative of οἶδα. The subject is ὅρκος. "The ὅρκος is that by which one swears, and is here invoked as a witness" (R).

260 τοι: "in truth, surely, mark you." See on 120.
ἀγήραον: singular of ἀγήραος. Contrast ἀγήρων in 242.

262 ἀλύξαι: aorist optative of ἀλύσκω ("avoid"), governed by οὐκ ἔσθ' ὥς ("there is no way") S 2552.

263 γούνων: epic genitive plural of γόνυ ("knee").

264 ἴαυσεν: <ἰαύω ("sleep, rest").

265 ὥρῃσιν: either with περιπλομένων ἐνιαυτῶν: "when the years revolve for him [τῷ γε] in their seasons" (AS); or absolutely: "in due season" (R).

266 "The reference is to the Βαλλητύς, a ritual mock battle held in honour of Demophon" (R).

268 τιμάοχος: "holding honor."

269 ὄνεαρ=ὄνειαρ ("profit, aid"). Scan ὄν̲ε̲α̲ρ̲.
τέτυκται: Demeter's use of the third person in the relative clause is surprising after εἰμί in 268.

270 νηόν: Ionic for ναόν ("temple").

271 τευχόντων: third person plural imperative. The subject is δῆμος. A plural verb is sometimes used with a singular collective noun. (S 950).
ὑπαί: epic for ὑπό. ὑπαὶ πόλιν: "near (under) the acropolis."

272 Καλλιχόρου: A well near which, according to Pausanias (I.38.6), the women of Eleusis danced and sang in honor of Demeter. According to R it should be identified with the Parthenion (well) by which Demeter met the daughters of

Celeus (99): "if there were χοροί of παρθένοι around it [the well] this would explain the two names" (R p. 326).
προΰχοντι=προέχοντι ("jutting, projecting").

273 ὄργια: "rites," first used here.
ὑποθήσομαι: See on 149.

274 εὐαγέως: "guiltlessly, without pollution."
ἱλάσκοισθε: The optative is very rare after a primary tense in purpose clauses. (See C II.271).

275–280 Compare with Demeter's first epiphany at 188–189.

276 γῆρας ἀπωσαμένη: "driving away, thrusting away old age."
περί τ' ἀμφί τε: "around and about." The combination is pleonastic but not uncommon.
ἄητο: imperfect passive of ἄημι ("breathe").

278 σκίδνατο: imperfect passive of σκίδνημι ("scatter, disperse").
φέγγος: "light, radiance."
χροός: Ionic genitive of χρώς ("skin, flesh").

279 κατενήνοθεν: third person singular perfect. "The origin and meaning of the verb are uncertain" (R). R suggests: "grew down (over)." The use of the singular verb with the plural subject κόμαι may result from a mistaken identification of the verb as plural (AS, R).

281 τῆς: Metaneira's. See on 169.
γούνατ(α): epic nominative plural of γόνυ.
ἔλυντο: third person plural, epic aorist middle of λύω. Plural for singular, perhaps for the sake of meter. (S 959a).

283 μνήσατο: aorist middle of μιμνήσκω. Governs both παιδός and ἀνελέσθαι (<ἀναιρέω). Translate: "nor did she have thought of her darling child at all, to pick (him) up from the ground."

284 ἐσάκουσαν=εἰσήκουσαν.
ἐλεεινήν: "piteous." Scanned here ⏑ – – –, but synizesis of εει is unattested. AS and R print ἐλεινήν.

285 κάδ=κατά before δ.
εὐστρώτον: "well-spread."
θόρον: unaugmented second aorist of θρώσκω ("leap, rush").

285 ἡ μέν ... ἡ δέ(287) ... ἡ δέ(287): "The one ... the other ... the other."

286 ἑῷ: <ἑός (=Attic ὅς), possessive adjective (S 330D.1). Cognate with Latin *suus*.

287 ἔσσυτο: second aorist middle of σεύω. "She rushed."

288 ἀναστήσουσα: future participle for purpose.
289 ἀγρόμεναι: second aorist middle participle of ἀγείρω ("gather").
ἀμφίς=ἀμφί. When used with the accusative it follows its case.
ἐλούεον: "they washed." "This form does not occur elsewhere, and is perhaps due to contamination of epic λοέω and the more recent λούω . . . " (R).
R notes the striking assonance of α and ε. The sound pattern changes abruptly to ου, ο, υ, in 290b with the change of subject.
292 παννύχιαι: The night-long propitiation of Demeter probably reflects the vigil (παννυχίς) of the Eleusinian mysteries.
293 ἠοῖ: dative of ἠώς (=Attic ἕως), "dawn."
φαινομένηφιν=φαινομένη. -φι(ν) is an archaic ending used in epic to represent instrumental, locative, dative, genitive-ablative cases in singular and plural. (See C I.234ff.).
294 εὐρυβίη: "mighty."
296 πολυπείρονα: not in Homer or Hesiod. It seems to mean "with many boundaries."
299 ἐπίθοντο καὶ ἔκλυον: "they obeyed and heeded."
300 ὁ δ' ἀέξετο δαίμονος αἴσῃ: it grew "by the dispensation (or decree?) of the deity" (R).
301 ἐρώησαν: unaugmented aorist of ἐρωέω ("rest from," + genitive).
302 βάν ῥ' ἴμεν=ἔβησαν ἄρα ἰέναι. Translate: "they set out to go, they went on their way."
ἀτάρ=αὐτάρ.
303 ἀπὸ νόσφιν: "aloof from."
305f. Compare 90.
308 μάτην: "in vain."
ἀρούραις: local dative without a preposition, as often in poetry.
310 ὄλεσσε: epic aorist of ὄλλυμι (=Attic ὤλεσε). Transitive.
μερόπων: "articulate speaking, endowed with speech." Used only in the plural and as an epithet of men.
311 γεράων: genitive plural of γέρας ("gift of honor").
ἐρικυδέα: uncontracted accusative singular of ἐρικυδής ("very splendid, famous").
312 ἤμερσεν: aorist of ἀμέρδω, "deprive x (accusative) of y (accusative)". Translate: "and would have deprived the Olympians of the splendid honor of gifts and sacrifices."

313 φράσσατο: epic aorist of φράζομαι ("devise, plan").
314 ὦρσε: aorist of ὄρνυμι, ("stir up, rouse").
καλέσσαι=καλέσαι.
316 ὣς ἔφαθ᾽=ὣς ἔφατο. "The use of this formula after an indirect speech is not Homeric..." (AS). Also at 448.
Ζηνὶ κελαινεφέϊ Κρονίωνι: The expression is of an unusual length—extending from the beginning of the third foot to the end of the line. κελαινεφέϊ Κρονίωνι is the usual formula (3× in *Iliad*, 2× in *H.Dem.*). See on 135.
317 μεσσηγύ=μεσηγύ ("in the middle, between"). Here, probably used as a kind of substantive: "the (space) between (heaven and earth)."
διέδραμεν: aorist of διατρέχω ("run through, across").
πόδεσσιν: epic for ποσί.
321 ἄφθιτα: "imperishable (things)."
322 ἐλθέμεναι=ἐλθεῖν.
323 ἴθι: imperative of εἶμι.
325 αὖτις: Ionic for αὖθις ("again, anew").
πατήρ: Valckenaer's addition.
326 ἐπιπροΐαλλεν: "sent one after another."
ἀμοιβηδίς: "in succession."
327 δίδον=ἐδίδοσαν. S 464.e.D. The imperfect has the meaning "offered"—the act of giving was not completed.
328 R prints Hermann's conjecture. See *apparatus criticus* in the OCT.
ἐθέλοιτο of the manuscript is an anomalous form, as there is no other example of the middle of ἐθέλω. Daggers mark word(s) thought incorrect by the editor and for which he could find no remedy.
330 στερεῶς: "firmly, steadfastly."
ἠναίνετο: <ἀναίνομαι, "spurn."
332 ἐπιβήσεσθαι: future infinitive of ἐπιβαίνω ("set foot on," + genitive).
The first two πριν's anticipate the third and need not be translated.
334 τό: demonstrative: "this."
335 Ἔρεβος: "the darkness." Essentially equivalent to Hades.
Ἀργειφόντην: Hermes. The meaning of Ἀργειφόντης has been much debated, but modern opinion tends to agree with the ancient explanation: "slayer of Argos." Hermes killed Argos, the hundred-eyed monster set by Hera to plague Io. Zeus sends Hermes to Hades because "Hermes is the go-between of the upper and lower worlds" (R p. 264).

336 παραιφάμενος: epic participle of παράφημι ("exhort, persuade").
337 ἁγνήν: seems to be a cult epithet of Persephone, but is used elsewhere of Demeter (203, 439).
ζόφου ἠερόεντος: "from the misty/cloudy darkness."
338 ἑ=αὐτήν (S 325D). An enclitic pronoun immediately follows the first accented word in its clause.
339 μεταλήξειε: <μεταλήγω ("cease from," + genitive).
341 κατόρουσε: "rushed downwards."
343 ἥμενον: <ἧμαι, "sit."
344 πόλλ(α): adverbial accusative: "very."
344f. Corrupt. ἡ δ' ἀποτηλοῦ in 344 is an emendation, and a word has dropped out in 345. Translate: "But she (Demeter) far away was contriving with a plan (some evil) against the works of the blessed gods."
μητίσετο=ἐμητίσατο, aorist of μητίομαι ("contrive, devise"). The form is a "mixed aorist," a first aorist with the thematic vowel of the second aorist (S 542D).
346 κρατύς: "mighty." Only in the nominative.
347 Ἄιδη: Attic vocative singular.
κυανοχαῖτα: "dark-haired." Vocative singular of κυανοχαίτης.
348 σε: R reads Wyttenbach's με, which is probably right. See 338.
349 Ἐρέβευσφι: "from Erebus." C regards it as a contamination of the (Ionic) genitive Ἐρέβευς and the genitive-ablative Ἐρέβεσφι. (C I.241, n.1.).
σφέας: "them," i.e., the gods.
351 παύσειεν: intransitive. We expect a middle.
352 ἀμενηνά: "feeble."
356 ἧσται: <ἧμαι.
357 μείδησεν ... ὀφρύσιν: "smiled with his brows." "Hades smiles, anticipating the success of his plan to keep Persephone" (AS). The smile is uncharacteristic, for he is usually ἀμείδητος.
358 Διὸς βασιλῆος: Homer never calls a god βασιλεύς, only ἄναξ. In Mycenaean society the ruler was called *wanax* (ϝάναξ), whereas *guasileus* (βασιλεύς) was used for the head of any group, "even the head of a group of smiths." (J. Chadwick, *The Mycenaean World*, p. 70). Homer reflects the Mycenaean situation; the Hymn does not.
ἐφετμῆς: "command." The genitive after ἀπιθέω is surprising. R prints ἐφετμῇς (dative).

360 ἔρχεο: uncontracted second person singular, present imperative of ἔρχομαι (=ἔρχου).
362 δυσθύμαινε: "be despondent." Imperative.
περιώσιον + genitive: "beyond."
363 ἔσσομ'=ἔσομαι.
363f. Compare Helios' consolation to Demeter at 83-85.
364 ἔνθα: in the upper world.
365 δεσπόσσεις: epic future of δεσπόζω ("rule over," + genitive).
ζώει: third person singular, present of ζώω (=ζάω), "live."
366 σχήσησθα: "an anomalous future indicative" (R) of ἔχω, "you shall have."
368 τεόν: See on 258.
369 εὐαγέως: "righteously, without pollution."
372 ῥοιῆς: "pomegranate." "By eating any food in the underworld Persephone established a bond with the dead" (AS). The pomegranate is associated with blood and death, but also symbolizes marriage and fertility.
κόκκον: "seed."
373 ἀμφὶ ἓ νωμήσας: The meaning of νωμάω here is obscure. AS and R translate: "peering around him."
375 προπάροιθεν: "earlier, before."
ὄχεσφιν: epic dative of ὄχεα ("chariot"). The masculine ὄχος was used at 19.
379 διὲκ μεγάρων: "the realm of Hades is thought of as a huge house" (AS).
ἄκοντε: an Attic form (=ἀέκοντε), "unwilling." Dual nominative.
πετέσθην: third person dual imperfect of πέτομαι ("fly").
380 διήνυσαν: aorist of διανύω ("accomplish").
381 ἄγκεα: "dells, valleys."
382 ἔσχεθον=ἔσχον.
383 αὐτάων=αὐτῶν. The antecedent is ἄκριες (<ἄκρις, "hilltop").
ἠέρα: epic accusative of ἀήρ ("air").
384 στῆσε (αὐτούς): The subject is Hermes.
386 ἠύτε μαινάς: "like a mad woman."
387– The lacunae in these lines (marked by square brackets) are
404 the result of a tear in M. Most of the supplements are by Alfred Goodwin.
388 κατ': with ἆλτο in 389 (aorist of ἅλλομαι ("leap, spring, jump") governs θέειν (cf. 302)). Translate: "jumped down."
[ἥ]: demonstrative.

389 [οἷ]: dative of reference, as in the next verse.
[ἀμφιχυθεῖσα]: aorist passive participle of ἀμφιχέω, ("embrace"). Here + dative (δειρῇ).
391 [ὀΐσατο]: unaugmented epic aorist of οἴομαι ("think, imagine").
392 [φιλότητος]: "affection, affectionate display." Genitive after παυομένη.
393 μή: Demeter is hoping for a negative answer.
μοι: dative of feeling (S 1486), to show Demeter's interest in the question. Translate: "(My) child, tell me (μοι), you didn't eat any food, did you?"
τί: indefinite pronoun; accented before the enclitic μοι.
πάσσαο: See on 50.
394 βρώμης: partitive genitive, with τί in 393.
εἴδομεν: short vowel subjunctive of οἶδα (S 794D).
395 ὥς: "in this way," i.e., "if you did not."
[Ἀΐδαο]: genitive of Ἀΐδης. -αο is the original genitive singular masculine ending for the first declension (-ου is borrowed from the second declension) S 212 and 225.
397 πάντεσσι=πᾶσι. Dative of agent with the perfect passive participle.
398 εἰ δ': an unfinished clause: "But if you did."
πτᾶσα πάλιν ἰοῦσ': πτᾶσα ("flying," <πέτομαι) is "inappropriate, unnecessary with ἰοῦσα, and un-Homeric ... " (R). R prefers the correction ἐπάσω (τι) or τι πάσσαο (aorist of πατέομαι, "eat").
399 ὠρέων: Ionic for ὡρῶν; scan ὠρέων (synizesis).
[εἰς ἐνιαυτόν]: "every year."
400 τὰς (μοίρας): See 447.
401 ἠαρινο[ῖσι]=ἐαρινοῖσι ("of spring"). The form is extremely rare.
403 ἄνει: second person singular present of ἄνειμι ("arise, approach"). The present indicative of εἶμι is regularly future ("I shall go") S 773 and 1880. The content of the line has some interesting similarities to 10–11.
404 There is a break in sense between 403 and 404. Allen believed there was a one-line lacuna, but R suggests that the text is sound. A papyrus fragment of the third century A.D. (P. Oxy. 2379), which contains only 402–407 has no break between 403–404. If there is a lacuna, it antedates the papyrus.
406 τοιγάρ: "therefore" i.e., "since you ask."
ἐρέω: Ionic for ἐρῶ ("I will say"), scanned ἐρέω.

407 R prints the reading of the papyrus: εὖτέ μοι ἄγγελος ἦλθ' ἐριούνιος Ἀργειφόντης.
ἐριούνιος: "fast runner" or "helper, luck bringer."
408 Κρονίδαο: See on 395.
409 ἐλθεῖν: "The infinitive depends on ἦλθεν ἄγγελος, which implies a command" (AS).
Ἐρέβευς: Ionic genitive of Ἔρεβος. See on 349.
411 αὐτάρ: progressive, "then" GP 55(2).
412 ἔμβαλέ μοι: i.e., "popped it into my mouth." Persephone here and in 413 insists upon more coercion than in the account in 372-373. R suggests that 413 may be a "'fill-line,' added to supply a lacuna."
414 ὡς=ὅπως ("how"), introducing an indirect question. It is governed by ἐξερέω in 416.
Κρονίδεω: -εω from -ηο (=-αο), by transfer of quantity (S 34). Cf. Κρονίδαο in 408.
416 διίξομαι: future of δικνέομαι ("go through, recount").
417 μάλα πᾶσαι: "all together, every one."
418 Persephone's list of Oceanids is shorter and slightly different from that of Hesiod in the *Theogony* (349ff.).
422 ἱμερόεσσα: "lovely, desirable."
423 ἐρατεινή: "lovely, charming."
424 ἐγρεμάχη: "rousing the fight."
Athena and Artemis are not named among Persephone's companions at the beginning of the Hymn, but their presence is mentioned in several versions of the myth. In the much later "Orphic" version they try to prevent the Rape, but are deterred by the thunderbolt of Zeus.
425 παίζομεν . . . δρέπομεν: "Presumably imperfects, as the historic present is not used in epic" (R).
426 μίγδα: "mingled, in a mass."
ἀγανόν: "delicate."
427 ῥοδέας: adjective, "of roses."
λείρια: "lilies."
428 ὥς περ κρόκον: The comparison may be based on the color of the κρόκος or its association with Demeter. Saffron and gold are also associated with the underworld.
429 αὐτάρ: possibly progressive ("then"), more probably adversative ("but").
δρεπόμην: Supply "narcissus" as object. Apparently she thought it was a crocus.
περὶ χάρματι: "for joy." Compare ὑπὸ χάρματος 371, 411.

430 τῇ: See on 17.
ἔκθορ': unaugmented aorist of ἐκθρώσκω ("leap out").
432 πόλλ': adverbial.
433 περ: concessive, with the participle ἀχνυμένη (GP 485). Persephone's last words are similar to the first line of her speech (406).
434 ὥς: "so, thus."
437 γηθοσύνας: "joy, delight." Plural for singular.
ἐδιδ[όν τε]: Ruhnken's correction. See on 327.
438 "Hekate's role in the cult of Eleusis is here explicitly accounted for" (R).
439 κόρην: "Elsewhere the writer uses the Homeric form [κούρη]; the form κόρη is the Attic official title of Persephone (in decrees)" (AS).
440 ἐκ τοῦ: "from this (kindness)."
οἱ: "to her" (Persephone).
ὀπάων: "companion."
ἔπλετ': syncopated imperfect of πέλομαι ("be, be accustomed to be").
442 ἥν: possessive: "her." AS and R print Δημήτερα κυανόπεπλον, which is to be taken as the object of ἀξέμεναι (443).
443 ἀξέμεναι: future infinitive of ἄγω (S 469D).
ὑπέδεκτο: epic second aorist of ὑποδέχομαι ("promise"), + future infinitive.
444 δωσέμεν: future infinitive of δίδωμι.
445 "... the construction, if correct, is highly elliptical; fully expressed the sentence would run νεῦσε ... κούρην [ἰέναι] ὑπὸ ζόφον [μένειν] δὲ παρὰ μητρί" (AS). Translate: "He promised her that the maiden (would go) under the misty dark ... but (would abide) by her mother and the other gods ... "
446 τὴν τριτάτην ... μοῖραν: accusative of extent of time.
447 τὰς δὲ δύω: (μοίρας).
448 ἀγγελιάων: genitive instead of dative after ἀπιθέω is unusual. See on 358.
450 Ῥάριον: (πεδίον) a sacred plain near Eleusis. "Ῥαριάς is a cult-title of Demeter" (R).
ἷξε: aorist of ἵκω ("arrive").
οὖθαρ ἀρούρης: "udder of the land," i.e., "the most fertile land."
451 ἔκηλον: "idle."

452 πανάφυλλον: "all leafless." Found only here.
ἔκευθε: "hid." The subject is οὖθαρ ἀρούρης.
454 κομήσειν: "to grow luxuriantly." Future infinitive after μέλλω.
ἀσταχύεσσιν: dative plural of ἄσταχυς, -υος ("ear of grain").
455 ἦρος=ἔαρος ("spring"), from the contracted nominative ἦρ.
ὄγμοι: "furrows."
456 βρισέμεν: epic future infinitive of βρίθω ("be laden with"), + genitive.
τὰ δέ: "and others," i.e., ears of grain.
ἐλλεδανοῖσι: "bands for binding corn sheaves." A very rare word.
δεδέσθαι: perfect passive infinitive of δέω ("bind"). The perfect infinitive after μέλλω is unusual.
457 This line resumes the narrative after the digression in 450–456.
458 κεχάρηντο: pluperfect middle of χαίρω.
460–469 "Rhea's speech is a repetition (with variations) of that of Iris (321–3) and Zeus' message (443–5)" (R).
462ff. The gaps in these lines result from the same tear as do those in 387ff. This is the back of the same page in the manuscript. Someone in the 16th century (m in Allen's *apparatus criticus*) patched the tear and filled out both sets of gaps as best he could; his supplements are much better for 462ff., since he had 443ff. to compare.
460 τέκος: Rhea was Demeter's mother.
462 [ἐθέλῃσθα]: epic second person singular present subjunctive of ἐθέλω (S 463b2D). R prefers Ilgen's supplement κέν ἕλοιο as nearer to 444.
466 τελέ]εσθαι: uncontracted future infinitive of τελέομαι ("to be fulfilled, to come to pass").
κάρητι: epic dative of κάρα (S 285.14).
467 πείθεο: uncontracted second person singular imperative of πείθομαι. See on 218.
468 ἀ[ζηχές]: adverbial, "unceasingly."
471 ἐριβώλων: "very fertile."
473 ἔβρισ': aorist of βρίθω, here with dative, the usual epic construction (contrast βρίθω + genitive in 456).
475 Εὐμόλπου τε βίῃ: "to the might of Eumolpos, to mighty Eumolpos." A common epic periphrasis.

476 δρησμοσύνην θ' ἱερῶν: "performance of the sacred rites." The language in 474–476 reflects Eleusinian terminology, for the Mysteries consisted of τὰ δρώμενα (ritual actions), τὰ λεγόμενα (ritual sayings), and τὰ δεικνύμενα (the revelation of holy objects).

ἐπέφραδεν: reduplicated aorist of φράζω ("show, point out").

478 παρεξ[ίμ]εν: epic infinitive of παρέξειμι ("transgress").
[πυθέσαι]: <πυνθάνομαι.

479 ἀχέειν: uncontracted present infinitive of ἀχέω, a "poetic form for ἰαχέω, 'utter'" (LSJ). But R suggests that ἰαχεῖν may be the true reading.

μέγα γάρ τι . . . : "the initiate's lips are sealed by his 'great reverence of the gods'" (R).

480 ὄλβιος ὅς: "blessed/happy (is he) who . . . "
ὄπωπεν: <ὁράω. See on 71–73.

481 ἀτελής: "uninitiated," + genitive.
ἄμμορος: perhaps a play on the two senses of the word: "without a share of" and "ill-fated."

482 εὐρώεντι: "mouldy, dank." The usual combination is ζόφον/ου ἠερόεντα/ος (80, 337, 402, 446, 464).

484 βάν ῥ' ἴμεν: See on 302.

485 δέ: The suffix for "direction towards," not the connective.
παραί: poetic for παρά.

486 Demeter's favor produces prosperity for the living as well as special rewards after death (480–482).

488 οἱ: "to him."

488 ἐφέστιον: "by the hearth." Ploutos, "Wealth or Prosperity," is the child of Demeter and Iasion (*Od.* 5.125ff.; Hesiod, *Theogony* 969ff.) and stands primarily for agricultural prosperity. Like Hestia, he is one of the θεοὶ ἐφέστιοι, household gods.

490 ἀλλ' ἄγ': "can be used equally with a plural or singular verb. But it looks as if the poet had originally intended to invoke Demeter and then had second thoughts and added Persephone" (R).

491 Πάρον: The island of Paros was an ancient and important center of the cult of Demeter.

Ἄντρωνα: a town in Thessaly, not elsewhere associated with Demeter. In the Homeric catalogue, however, (*Il.* 2.697) it immediately follows the neighboring town of Pyrasos (*Il.* 2.695), called by Homer Δήμητρος τέμενος ("pre-

cinct of Demeter"). The cult of Demeter was probably ancient and widespread in Thessaly.
492 Δηοῖ: vocative of Δηώ (declined like πειθώ; see S 279). For Δηώ see on 47.
494 ᾠδῆς: the contracted form does not occur in Homer. Contrast the uncontracted ἀοιδῆς in 495.
θυμῆρε(α): "suiting the heart, pleasing."
ὀπάζειν: infinitive for imperative.
495 σεῖο: epic genitive of σύ.
μνήσομ(αι): either future indicative or aorist subjunctive ("short-vowel subjunctive," S 457D and 667D) of μιμνήσκω. Translate: "I will remember."

9780929524177.